Архитектор как Гражданский Активист
Новости из Швейцарии

The Architect as Civil Agent
News from Switzerland

Copyright © 2015 by i2a & MARCH
Lugano CH & Moscow RU

Located in the Swiss-Italian border region and initially born as the Swiss branch of SCI-Arc - Southern California Institute of Architecture, i2a - international institute of architecture in Vico Morcote operates research in the field of architecture and urban design since 1983. Through a critical overview of contemporary architecture, i2a aims to explore the problems of the territory in which the man lives and to offer the results of its research to a wider and essentially interdisciplinary audience.

MARCH - Moscow Architecture school is Moscow's new independent school of architecture. Its curriculum is based on the methodology used by leading Russian and international architects and incorporates the most important aspects found in international architectural education. MARCH is located within the ARTPLAY, a unique space in the center of Moscow which was organized according to the 'art-cluster' principle, thus reuniting under one roof a wealth of highly-respected architects, planners, designers, artists, and engineers.

Эта книга - результат серии лекций на тему Ахитектор как Гражданский Активист, организованных школами i2a и МАРШ в Москве, при поддержке программы Swiss Made in Russia от Pro Helvetia швейцарского художественного совета. Активно развиваясь на протяжении последних нескольких лет культурная жизнь России стала центром притяжения для различных швейцарских деятелей искусства. Новые культурные институты появились не только в двух центральных городах Москве и Санкт-Петербурге, но и в менее известных, таких как Красноярск в Сибири и Калининград на побережье Балтийского моря. Благодаря программе Swiss Made in Russia, Pro Helvetia обратилась к этому вновь сформировавшемуся интересу: действительно, Швейцарский Совет по Искусству был направлен на укрепление и расширение культурных связей между Швейцарией и Россией.

Программа Swiss Made in Russia была разделена на пять тематических блоков: Ступени - блок о современном Швейцарском исполнительском искусстве в области музыки, танца, театра и перфоманса; Разговоры - серия мероприятий в формате обсуждения по вопросам современной культуры с российским и швейцарским участием; Тексты - новые переводы швейцарской художественной и научно-популярной литературы для России были представлены на отдельных книжных ярмарках; Видеоряды - инновационное швейцарское искусство от живописи и скульптуры до цифрового и медиа-искусства; Пространства - комбинированные проекты в области архитектуры, дизайна, городского искусства и ландшафтной архитектуры. Архитектор как Гражданский Активист это серия лекций из последнего кластера, курируемых Людовикой Моло и Алессандро Мартинелли.

This book collects the proceeding of the Architect as Civil Agent lecture series organized by i2a and MARCH in Moscow, Russia, with the support of Swiss Made in Russia programme by the Swiss Arts Council Pro Helvetia. Russia's cultural scene has become a focal point for various Swiss cultural practitioners, having developed rapidly over the past few years. New cultural institutions have sprung up, not only in the two dominant urban centres of Moscow and St. Petersburg, but also in lesser-known cities such as Krasnoyarsk in Siberia and Kaliningrad on the Baltic Sea. With Swiss Made in Russia programme, Pro Helvetia has been acting on this new-found interest: indeed, the Swiss Arts Council aimed at fortifying and extending cultural ties between Switzerland and Russia.

The Swiss Made in Russia programme was divided into five programmatic clusters: Stages, that highlighted contemporary performing arts from Switzerland in the fields of music, dance, theatre and performances; Talks, that produced a series of discourse events on questions of contemporary culture with Russian and Swiss participation; Texts, that brought new translations of Swiss fiction and non-fiction to Russia and established a presence at selected book fairs; Visuals, that showed innovative Swiss art from paintings and sculptures to digital and media art; Spaces, that combined projects in the fields of architecture, design, urban arts and landscape architecture.
The Architect as Civil Agent lecture series, curated by Ludovica Molo and Alessandro Martinelli, is aimed at participating to this last cluster.

i2a
international institute of architecture
www.i2a.ch

Ludovica Molo
director

Alessandro Martinelli
curator

MARCH
Moscow Architecture School
www.march.ru

Eugene Asse
dean

Nikita Tokarev
director

For information, please contact
i2a - international institute of architecture
Besso, 59
6900 Lugano, Switzerland
phone +41 91 996 13 87
fax +41 91 996 24 21
info@i2a.ch

special thanks to
the Swiss Arts Council Pro Helvetia,
with Christophe Rosset,
Luca Depietri,
Anastasiya Aleksandrova,
XNF arquitectos,
with Nicola Regusci,
TRIBU architecture,
with Christophe Gnaegi,
pool architekten,
with Andreas Sonderegger,
the Swiss Embassy in Russia,
with Elena Naoumova,
and then Elena Gonsales.

i2a - Ludovica Molo
Архитектор как Гражданский Активист, кураторская программа
The Architect as Civil Agent, the curatorial project
p. 6

XNF arquitectos - Nicola Regusci
Позиция из Лугано - Барселона
A position from Lugano - Barcelona
p. 16
Обзор лекции Никола Регуши
A review of Nicola Regusci lecture
courtesy of Archi.ru - **p. 30**

TRIBU architecture - Christophe Gnaegi
Позиция из Лозанны
A position from Lausanne
p. 40
Интервью с Кристофом Гнаэги
An interview with Christophe Gnaegi
courtesy of Colta.ru - **p. 52**

pool architekten - Andreas Sonderegger
Позиция из Цюриха
A position from Zurich
p. 60
Интервью с Андреасом Сондерегером
An interview with Andreas Sonderegger
courtesy of Colta.ru - **p. 72**

The Architect as Civil Agent - Panel
Предварительное заключение: некоторые тезисы с заключительного круглого стола
A provisional conclusion: some words from a final roundtable
courtesy of Archi.ru - **p. 82**

MARCH - Nikita Tokarev
Преподавание архитектуры за пределами проектирования: послесловие из России
Teaching architecture beyond design: an afterword from Russia
p. 94

i2a - Alessandro Martinelli
Архитектор как Гражданский Активист, как междисциплинарное исследование
The Architect as Civil Agent, as a disciplinary research
p. 100

Архитектор как Гражданский Активист,
это кураторская программа

Людовика Моло, Директор i2a.

Материалы, собранные в этой публикации являются синтезом серии лекций Архитектор как Гражданский Активист, организованной i2a - Международным институтом архитектуры, вместе с МАРШ - Московской архитектурной школой, в рамках Swiss Made in Russia, программы культурного обмена между Швейцарией и Россией, при поддержке швейцарского художественного совета Pro Helvetia. Кураторский проект был направлен на отбор и представление небольшой группы развивающихся швейцарских архитекторов, чья архитектурная практика связана с гражданской активностью.

В самом деле, даже если Швейцария является мировым рекордсменом в плане гражданского общества, сравнив две очень контрастные среды такие как Швейцария и Россия, можно выделить это качество Швейцарии еще сильнее. Поэтому целью лекций было вызвать дискуссию на тему швейцарской архитектурной и художественной продукции путем построения платформы архитектурного обсуждения, которая могла бы укрепить международное сотрудничество между Швейцарией и Россией, и подчеркнуть важность архитектуры с точки зрения гражданского

The Architect as Civil Agent,
the curatorial project.

Ludovica Molo, i2a director.

The materials collected by this publication are the proceedings of the Architect as Civil Agent lecture series organised by i2a - international institute of architecture, together with MARCH - Moscow school of Architecture, within the framework of the Swiss Made in Russia programme, a cultural exchange between Switzerland and Russia promoted by the Swiss Arts Council Pro Helvetia. The curatorial project is aimed at selecting and presenting a small group of emerging Swiss architects, who are, by their practice of the discipline, interested in operating as civil agents.
Indeed, even if Switzerland has a world record sized civil society, only by confronting two very different civil environments -i.e. the Swiss and Russian ones- is it possible to highlight this quality outside and inside Switzerland. Thus, the intention of the lecture series was to trigger a debate on Swiss architectural and artistic production by creating a platform of architectural discussion that could strengthen international cooperation between Switzerland and Russia, and highlight the value of architecture in terms of civil awareness and education.
Why Russia? As the brief of the Pro Helvetia programme claims, new cultural institutions are springing in Russia, also in the field of architecture. Among them, the Strelka

сознания и образования. Почему Россия? В брифе Pro Helvetia говорится, что в России возникают новые культурные институты, тоже самое происходит и в области архитектуры. Среди них наиболее известны Институт Медиа, Архитектуры и Дизайна Strelka и Центр Современной Культуры Гараж, но они не единственные и даже не единственные лучшие. Действительно, МАРШ - Московская архитектурная школа представляет не меньший интерес. Это недавно созданный институт, целью которого является преподавание архитектуры, а диплом магистра МАРШ имеет международное признание. Институт формирует новое видение архитектурной практики, что делает его открытым и привлекательным учреждением, идеально подходящим для кураторских целей i2a и программы Архитектор как Гражданский Активист. Подобные задачи развиваются в кураторской программе i2a, Positions in Space (Позиции в Пространстве). В рамках этой программы молодые швейцарские архитекторы и художники приглашаются для чтения лекций и создания инсталляций об их восприятии пространства, что способствует распространению более глубокого понимания общественностью архитектурной профессии и ее влиянии на нашу повседневную реальность. Этот же формат был адаптирован и для серии Архитектор как Гражданский Активист и таким образом, трансформирован в сочетание тематических лекций, касающиеся личного подхода архитекторов

Institute for media, architecture and design and the Garage Centre for Contemporary Culture, are the better-known ones, but by far not the only nor necessarily the better ones. Indeed, the MARCH - Moscow school of Architecture is of no less interest. It is a newly established institution dedicated to teaching architecture granting an international master degree, and it promotes a new understanding of the practice of architecture, that makes it an open and engaged institution, perfectly adherent to the curatorial objectives of i2a and the Architect as Civil Agent series.

In particular, these objectives have developed from i2a's established curatorial programme, entitled Positions in Space. Within this framework, emerging Swiss architects and artists have been invited to lecture and create a spatial installation on their operative notion of space, in order to promote a wider understanding of the architectural profession and its potential impact on the social and natural components of reality. This format was adapted for the Architect as Civil Agent series into a combination of themed lectures, addressing the personal approach of architects towards civil activism and critical roundtables that focus on the content of lectures and encourage their critical understanding within the trans-national environment in which they took place.

Because of this curatorial adaptation, the selection of the lecturers was a crucial stage that was conducted with the aim of complying with curatorial objectives, of outlining the professional possibilities of civil activism in advanced

к гражданской активности и критические круглые столы основное внимание которых было посвящено содержанию лекций и содействию их критическому пониманию в отношении к транс-национальной среде, где они разыгрывались.

Всвязи с чем, подбор лекторов был ответственной операцией, целью которой было соблюдение кураторских задач, подчеркивание профессиональных возможностей гражданской активности в сложных ситуациях и создание представления о швейцарской мульти-языковой сложности. Так на пересечении этих условий возникли три наиболее интересных практики: XNF arquitectos - Никола Регуши из Лугано, итальянской части Швейцарии, TRIBU architecture из Лозанны, французской части, и pool architekten из Цюриха, немецкой части. Следуя этой последовательности, они выступили с лекциями в МАРШ в период с апреля по июнь 2014 года. Никола Регуши о применении кочевого образа жизни по отношению к профессии архитектора, так как он живет и работает между Лугано и Барселоной. Во время этих поездок у него развился интерес к процессам которые окружают архитектуру, заряжая ее политической и этической составляющей. Это подвело его к идее создания агентства предназначенного для поддержки и распространения дисциплинарных знаний. TRIBU architecture обращаются к среде обитания человека, учитывая, что она должна быть разработана сами-

societies, and of offering an image of Swiss multi-linguistic complexity. At the intersection of these ambitions, three practices appeared as the most interesting: XNF arquitectos - Nicola Regusci, from Lugano in the Italian-speaking part of Switzerland, TRIBU architecture, from Lausanne in the French-speaking part, and pool architekten, from Zurich in the German-speaking part. In this order, they lectured at MARCH between April and June 2014. Among them, Nicola Regusci has adopted a nomadic attitude to architecture, since he lives and works between Lugano and Barcelona.

During his commutes, he developed an interest in the processes that surround architecture -and charge it with political and ethical responsibilities- that brought him to create a practice dedicated to encouraging international exchange among architectural professionals and to the mass diffusion of knowledge on the architectural profession. TRIBU architecture focuses on human environment and considers that it should be designed by the users themselves. For them, the architect's responsibility is not limited to the actual building, but includes its impact on the socio-natural context: this requires educational, mediating and participative skills in order to understand the complexity of contemporary society.

Finally, pool architekten produce architectural objects while acknowledging the dependence on temporally and socio-culturally complex situations.

This enables them to carry-out their own research projects

ми пользователями. По их словам ответственность архитекторов не останавливается на строительстве зданий, но включает также их влияние на социально-природный контекст и, следовательно, требует воспитательной деятельности и навыков понимания сложной структуры современного общества. Наконец pool architekten играют вне архитектуры, признавая свою зависимость от времени и социально-культурных сложных условий. Это позволило им начать самостоятельно пропагандируемые научно-исследовательские проекты по разработке ландшафта и показать, как архитектура может активно участвовать в современном обществе. Программа Swiss Made in Russia помогла обозначить образ архитектора как гражданского активиста, который как i2a надеется, может быть представлен читателем также по страницам этой книги.

on landscape development and to highlight the potential role of architecture in contemporary society.
Throughout their Russian lectures, a picture of the architect as civil agent was thus outlined; but also a picture of the Swiss made in Russia that i2a hopes might emerge from the pages of this book.

XNF arquitectos

Nicola Regusci

Позиция из
Лугано - Барселона

A position
from Lugano-Barcelona

Обзор лекции Никола Регуши

A review of Nicola Regusci lecture

XNF arquitectos - Nicola Regusci

Начиная с 1992 года, Никола Регуши разрабатывал архитектурные проекты и градостроительные концепции, путешествуя между Лугано и Барселоной и сочетая профессию архитектора с кочевым образом жизни. После участия в организации Олимпийских игр в Барселоне в 1992 году и выхода в финал FAD awards, Рагуши основал XNF arquitectos совместно с Ксавьеном Бустосом и Ферраном Грауном. Архитектурная студия выиграла несколько конкурсов, которые получили широкий обзор в прессе. В дальнейшем развитие особого интереса к производственному процессу, который сопровождает архитектуру и наделяет профессию архитектора политической и этической ответственностью стали поводом для создания АААВ, компании для поддержки архитектуры и распространения её дисциплинарных знаний.

Since 1992, Nicola Regusci developed architectural projects and urban plans travelling between Lugano and Barcelona, and adopting a nomadic attitude to the profession. After participating to the organization of the Olympic Games of Barcelona 1992 and achieving to be a finalist of the FAD awards, Regusci established XNF arquitectos with Xavier Bustos and Ferran Grau, an architecture studio which won several competitions and was extensively published. Furthermore, the development of a particular interest in the processes of production which surrounds architecture -and that charge the profession with political and ethical responsibilities- finally brought Regusci to establish AAAB, an agency meant to support architecture and the diffusion of its knowledge.

Позиция из Лугано - Барселона

A position from Lugano-Barcelona

Никола Регуши: О XNF arquitectos и AAAB. XNF arquitectos это офис, располагающийся в Барселоне. Я родом из Швейцарии и всегда стараюсь поддерживать связь с моей страной и другими городами Европы, как например Брюсселем или Берлином. Недавно я укрепил эту связь благодаря проекту Cities Connection, о котором я расскажу ниже.

Для того, чтобы лучше объяснить как мы работаем, я начну эту лекцию с темы мобильности: еще 20 лет назад путешествия самолетом были очень дорогостоящими, но в 90-х, благодаря появлению дешевых авиа компаний в Европе, они стали более доступными. Низкая стоимость сообщений, электронная почта и Skype дают нам возможность быть одновременно практически повсюду. Это упрощение в сфере мобильности, по сути сделало возможным осуществление нашей программы по связям между городами. Художник Аарон Коблин на своих картинах печатает и изображает информацию о траекториях авиа траффика над Европой. В среднем около 26.000 рейсов парит над Европой ежедневно, в соответствии с данными, представленными Евроконтролем. Это показывает, что «хаос» присутствует и в небе тоже. Возвращаясь к нашей деятельности, я хочу рассказать о городе Барселона. Две реки образуют границы муниципалитета: Эль-Льобрегат и Эль-Бесос. Барселона разрастается в стороны, из-за горы Тибидабо, которая ограничивает рост города на севере. Плотность населения на

Nicola Regusci: On XNF arquitectos and the AAAB. XNF arquitectos is a Barcelona-based office. In any case, I am originally from Switzerland and I have always maintained contact with my country and other cities in Europe, such as Brussels or Berlin. Recently, I enhanced this relationship via the Cities Connection Project, which I shall hereafter explain. To better explain how we work, I will start this lecture with the topic of mobility: until approximately 20 years ago, travelling by plane was very expensive. But in the 90s and after the creation of the low cost companies, one can travel more easily everywhere in Europe. Connectivity with low cost, email and Skype gives us the possibility of being almost everywhere. This facilitated mobility, in fact, allowed us to enact the programme of connections between cities. The artist Aaron Koblin prints and displays the data of air traffic control companies in his paintings, showing the paths of air traffic over Europe. An average of 26'000 flights per day soar over Europe according to data provided by Eurocontrol. It shows that the 'chaos' is also present in our sky.

Returning to our work, I should introduce Barcelona. Two rivers delimit the city: the Llobregat and the Besòs. Barcelona grows laterally because of mount Tibidabo, which blocks development northwards. The density of population per square km is one of the highest in the world: 15'990 inhabitants per sqkm. That is almost as high as Bombay in India. Notwithstanding the notoriety, the popular and touristic part of Barcelona is only a small section of the metropoli-

квадратный километр является одной из самых высоких в мире: 15,990 человек на кв км, почти как Бомбей в Индии. Несмотря на известность, популярная и туристическая Барселона это только небольшая часть городской территории. Центральная часть города практически полностью урбанизирована и строить что-либо там приходится крайне редко. Архитекторы как правило работают в периферийном контексте, который характеризуется наличием промышленных зон, социального жилья периода 60х, а также ряде древних деревень, поглощенных городским ростом. В этом пригородном контексте, недалеко от Барселоны, располагается проект для села Эль-Папиоль. Эль-Папиоль небольшой городок расположенный в очень оживленном месте с большим количеством инфраструктуры: скоростные поезда, шоссе, второстепенные дороги и река Льобрегат. Обширные индустриальные зоны и череда небольших городов завершают городской контекст этого проекта.Технико-экономическое обоснование, выпущенное городским советом в 2000 году, является компетентной основой для спортивной части Эль-Папиоль. Первоначально главной задачей было строительство футбольных трибун. Мы попытались ответить на задачу с глобальной стратегией, которая способствовала упорядоченной интеграции спортивных элементов. Основная идея заключается в создании каркасной оси, которая пересекает всю спортивную площадку и объединяет различные элементы: футбольное поле, многофункциональный павильон, бассейн и раздевалки. Этот «архитектурный променад» обеспечивает деревню новым общественным пространством, интегрируя в него различные

tan area. This central area is actually almost completely developed and it is thus very unusual to build new objects there. Architects are usually confronted with the peripheral urban context characterised by the presence of industrial areas, the large-scale social housing blocks of the 60s and a number of ancient villages absorbed by the growth of the city. In this suburban context, we placed a project for the village of el Papiol near Barcelona. El Papiol is a small town located, along the Llobregat river, in a very busy area with a lot of infrastructure, like the high-speed train line, the highway, a number of secondary roads. The vast industrial areas and the succession of small towns complete this project's urban context. A feasibility study, commissioned by the town council in 2000, was the basis of the location of the sports' area of el Papiol. Originally, the program's main objective was the construction of stands for the football field. We tried to answer with a global strategy that allowed an ordered integration of the elements of the sports' area. The general idea was to construct a spinal axis that crosses the entire sports' complex and connects the different facilities: football field, multipurpose pavilion, swimming pool and changing facilities. This 'promenade architecturale' provides the town with a new public space and at the same time accommodates the area's different buildings. The project was built in two phases between 2003 to 2009. The first phase included the stadium stands and the dressing rooms for the football field, a fitness centre and a lift. We used the profile of the terrain to organise the program along a walkway, which later became a popular public space, placed between the playing field and the terrain below. The difference of height between the football field and the future swimming pool allows to 'camou-

здания района. Проект был построен в два этапа с 2003 по 2009 год. Первая фаза включала строительство стадионных трибун и раздевалок для футбольного поля, фитнес-центр и лифты. Мы использовали существующий рельеф для организации этой программы с длинной пешеходной дорожкой, которая стала впоследствии переполненным общественном пространством, расположенным между футбольным полем и близлежащей территорисй. Перепад высот между футбольным полем и будущим бассейном позволяет создать своего рода «камуфляж» здания и снизить его визуальное воздействие. Второй этап включил строительство общественного бассейна, который также должен быть использован в зимний сезон. Мобильные портовые краны вдохновили нас на дизайн покрытия главного бассейна. В летнее время крыша здания скользит по рельсам, позволяя полностью открыть зал бассейна. Зимой пространство может быть закрыто и использоваться в качестве закрытого бассейна.
Другой наш проект был заказан модной ассоциацией Модафад. Это была организация модного показа размещенного в уникальном месте: подземном переходе между двумя станциями Барселонского метро. Это было очень сложной задачей, эфемерной инсталяцией, не только из-за расположения, но и всвязи с вовлечением большого количества исполнителей: промоутеров, технической службы метро, модельеров, архитекторов и так далее. Это общественное пространство, имеет среднюю посещаемость десять тысяч человек в день. Поэтому мы предложили несколько решений, которые не нарушают транзит пользователей, но в то же время создают условия для

flage' the building and reduce its visual impact. The second phase included the construction of a public swimming pool, which can also be used in winter. The image of mobile harbour cranes was the inspiration behind our design for the main pool's cover. In fact, during the summer, the building's roof slides on tracks to completely open the pool hall. In winter, the space can be closed and used as an indoor swimming pool.
Another of our projects was commissioned by The Modafad fashion association: it was for the design and organisation of a fashion show hosted in a unique location: the underground transfer corridor between two stations of the Barcelona subway. This was a very complex, ephemeral installation, not only because of the location but also because of the number of people involved: promoter, subway technicians, fashion designers, architects and so on. It is a public space with an average of 10 thousand transfers per day. We therefore had to offer solutions that would not interrupt the transit of passengers and simultaneously allow the organisation of a fashion show. The problem, after all, was also the project's solution: we used the central pedestrian corridor between the travelator as a catwalk. We placed a series of benches in the middle to accommodate the fashion show's spectators. We organised the circulation system of the catwalk in order to merge the subway passengers with the models. The models would come out of the backstage, walk amongst the public and return on the speed walk. This merging of different people, like the subway passengers, the public of the fashion show and the models created unique situations and interactions.
Another project was the Santa Eulalia shop: an emblematic flagship store located in the main luxury-shopping avenue of Barcelona's touristic centre: the Paseo

el Papiol sport complex - XNF arquitectos
picture courtesy of Nicola Regusci

проведения фэшн шоу. Эта проблема в тоже время стала ключом к проектному предложению: мы использовали центральный пешеходной коридор между проходами в качестве пространства для дефиле. Расположили ряд скамеек посередине, для размещения публики и организовали систему циркуляции на catwalk так, чтобы объединить пользователей метро с моделями. Модели выходят из-за кулис, проходят вдоль публики и возвращаются. Это совмещение пользователей метро с публикой фэшн показа и моделями создало некоторые уникальные ситуации и взаимодействия.

Другой наш проект это бутик Santa Eulalia, очень значимый магазин для брэнда, расположенный на главной торговой улице класса люкс в туристическом центре Барселоны, Пасео де Грасиа. На 107-ю годовщину владелец решил переоборудовать четырехэтажное здание полностью и переделать старый магазин в шоу-рум рядом с новым магазином. После трех лет реконструкции, потратив значительное количество средств, они решили сделать выставку об истории компании, для того чтобы отпраздновать открытие нового магазина одежды. Одним из главных условий было то, что выставка, расположенная в шоу-руме, должна была быть собрана в течение выходных перед открытием нового магазина. Так мы начали собирать выставку в пятницу днем и она была готова к открытию уже в понедельник, в то же время что и новый бутик! Сборка должна была быть очень простой и быстрой, поэтому идея была простой, но успешной: мы решили напечатать всю историю Santa Eulalia на полотне эластичной ткани длиной 60 метров. Рулон ткани был натянут вокруг мане-

de Gràcia. For the 107th anniversary, the owner decided to entirely refurbish the four-floor building and to transfer the shop into a temporary space, immediately next to the old one. After three years of work and a substantial amount of money, they decided to put up an exhibition on the firm's history to celebrate the opening of the new shop. One of the most important requirements was that the exhibition, located in the space nearby, should be assembled during the weekend preceding the opening. In the end, we began setting up the exhibition on the Friday afternoon and the space opened on Monday at the same time as the new shop! The mounting had to be simple and quick: the idea had therefore also to be simple but have a strong impact: we decided to print the history of Santa Eulalia on a 60 meter-long elastic fabric band. It was stretched around 16 shop-window mannequins and we included backlighting in order to create an oneiric and suggestive atmosphere. The installation, which formed a spatial itinerary for the exhibition, invites visitors to explore a sequence of spatial surprises. At the end of this promenade, they arrive in a dark room where two white mannequins, a woman and a man, were micro-mapped with projections of some of Santa Eulalia's former haute-couture designs.

In 2012, we created the AAAB, the support agency for Barcelona architecture, as a cultural platform with the purpose of creating relationships between architects, designers and anyone interested in architecture's social and participative potential. We organise events that try to involve different cultural actors. For us, the city of Barcelona is the best field of experimentation for this kind of event due to the fact that the city itself is a strong generator of synergies between universities, public institutions,

кенов, мы также включили специальную подсветку для создания подходящей атмосферы. Инсталляция задает маршрут выставки и приглашает зрителя познакомиться с последовательностью пространственных сюрпризов, в завершении которой их ждет темная комната с двумя белыми манекенами, мужчиной и женщиной, на которых проецируются выбранные из архива коллекции бренда haute-couture Santa Eulalia.

В 2012 году мы создали AAAB, компанию по поддержке архитектуры в Барселоне, это была культурная платформа, целью которой было создание связей между архитекторами, дизайнерами, и всеми, кто интересуется социальным аспектом архитектуры. Мы организуем мероприятия на которые стараемся привлечь различных культурных агентов. Барселона является лучшим полем для экспериментов такого рода, город является сильным генератором синергии между университетами, государственными учреждениями, частными организациями и гражданами. Целью организации AAAB является вовлечение людей в архитектурную практику, что способствует популяризации культурных мероприятий, посвященных насущным проблемам города.

Наша штаб-квартира располагается в открытом пространстве, вход со стороны главной улицы. Пространство находится в центре блока исторической застройки 19-го века, для того, чтобы попасть туда, нужно пройти по длинному широкому коридору, который мы используем в качестве многофункционального пространства, а также аварийного выхода.

В широком открытом пространстве мы организуем встречи, лекции, кинопоказы, дискуссии, воркшопы и другие мероприятия. Среди меро-

private organisations and citizens. The AAAB's aim is to connect people with the practice of architecture and it therefore promotes cultural events where citizens are implicated in Barcelona's current development topics.

Our headquarters are housed in an open space, with its entrance on the upper side of a ground floor that opens on one of Barcelona's main streets. The main space is in the middle of a block of the 19th century city which one gets to by passing through a long, wide corridor that we use as a multi-purpose space and also as an emergency exit. In the open space, we organise meetings, lectures, film projections, discussions, classes and other events including 'What do you play?', a discussion-game between four professionals, architects, designers, politicians and cultural actors. A 'croupier' managed the discussion with a series of questions that each player had to pick from a set of cards, just like in a casino. Each card showed a question on a recent subject related to current issues in the city of Barcelona. The public could participate in the discussion between players in the case any of them required help or support. Our sponsor Moritz provided the public with local beer while the players spoke about the different topics in a laid-back atmosphere.

The 'Cities Connection Project' was created with the goal of establishing a network of cultural connections between different cities, where contemporary architecture has an important historical background and architects still carry out experimental typological and technological research. A series of architecture exhibitions are the project's focus. They are also the pretext for organising collateral events such as lectures, academic meetings and -what I consider paramount- the creation of synergies between professionals. Architects have

приятий, которые мы организовали было например, «Во что вы играете?» - обсуждение в игровой форме между четырьмя профессионалами: архитектором, дизайнером, политикиком и культурным агентом. «Крупье» был модератором обсуждения, задающим ряд вопросов игрокам, каждый из которых должен был брать карты из колоды, как в казино. Каждая карта предлагает вопрос на актуальную тему, связанную с текущими проблемами Барселоны. Общественность может участвовать в обсуждении между игроками в случае, если кто-то из них обратился за помощью или поддержкой. Наш спонсор Мориц представил публике мероприятия местное пиво, так что игроки общались в легкой непринужденной атмосфере. Проект «Cities Connection» создавался как сеть культурных связей между городами, где современная архитектура имеет значительное культурное наследие, а архитекторы продолжают экспериментировать с технологиями и типологиями. Серия архитектурных выставок является главной целью проекта, который также предлагает сопутствующие мероприятия, такие как лекции, встречи ученых и, что я нахожу очень важным, создание синергии между задействованными специалистами. Архитекторы имеют возможность устанавливать контакты с другими специалистами, которые в конечном счете приводят к междисциплинарному сотрудничеству. Каждое такое объединение состоит из двух архитектурных выставок: первая называется Импорт, с 20 архитекторами приглашенными в Барселону, и вторая называется Экспорт, с 20 архитекторами из Барселоны, экспонированными в другом городе. Выбор темы очень важен, поскольку каждая новая

the possibility of establishing relationships with other professionals that could eventually lead to working collaborations. Each 'Connection' consists of two architecture exhibitions: the first one called Import, with 20 invited architects in Barcelona, and the second called Export, with 20 architects of Barcelona showcased in another city. The choice of the topic is essential because each new exhibition is meant to show a different way of approaching architecture. The goal is to put on show good local contemporary architecture. The subject of each exhibition is based on the specific character of each region or city.
The first set of connections took place in Switzerland and more particularly in Ticino, a region with an important architectural and cultural tradition.
The topic chosen for the confrontation was 'Architecture in the Territory', given the region's fame for the related issues. The exhibition Import Ticino tried to show a series of projects from this territory. To better represent this relation between architecture and territory, starting in the south and progressing to the north of Ticino, we chose a series of combinations between projects and geographical context.
In order to understand this choice, one must remember that in 1975 the exhibition 'Tendenzen', organised at the Polytechnic University of Architecture in Zurich, illustrated the idea of a group of young Ticino based architects. Luigi Snozzi, Mario Botta, Livio Vacchini and Aurelio Galfetti, among others, lead this generation of architects, who, during the 70s and the 80s, developed an innovative architectural style in Ticino. The work of these architects became a manifest of a particularly fertile period of experiences taking on the name of Tendenza, and, in 1996, the AAM - Accademia di architettura, promoted by

выставка призвана продемонстрировать новый взгляд на архитектуру. Цель состоит в том, чтобы показать хорошую современную архитектуру, характерную для определенного места. Темы для каждой выставки отбирались с учетом специфики каждого отдельно взятого региона или города и. Первые мероприятия проходили в Швейцарии и, в частности, в Тичино, регионе с большими архитектурными и культурными традициями. Темой дебатов была выбрана «Архитектура на Территории» (Architecture in the Territory), учитывая популярность данного вопроса в регионе. Выставка Импорт Тичино (Import Ticino) хотела показать серию проектов, расположенных на данной территории. Чтобы лучше представить эту связь между архитектурой и территорией, начиная с юга и заканчивая севером Тичино, мы выбрали ряд комбинаций между проектами и географическом контексом.

Для того, чтобы объяснить такой выбор, я должен напомнить, что в 1975 году выставка «Тенденции» (Tendenzen), организованная политехническим университетом архитектуры в Цюрихе была сформулирована идея о группе молодых архитекторов из Тичино. Луиджи Сноцци, Марио Ботта, Ливио Ваккини и Галфетти, среди прочих, были лидерами поколения, которые в течение 70-х и 80-х годов разработали инновационный стиль архитектуры в Тичино. Проекты архитекторов стали манифестом особенно плодотворного периода, принимая титул Tendenza (Тенденция), а в 1996 году в Мендризио была открыта ААМ - Архитектура Академия, благодаря усилиям Марио Ботты и Аурелио Галфетти, интерес к отношениям между архитектурой и территорией стал профильным для школы.

Mario Botta and Aurelio Galfetti, was opened in Mendrisio with a specific interest in the relationship between architecture and territory.

The headquarters of the COAC, the association of architects of Catalonia, was a prestigious location for the exhibition. Indeed, COAC is located, in the medieval part of Barcelona, just in front of the cathedral.

For the exhibition, we organised 6 general introduction panels and 20 panels -one for each selected project- that displayed data on the selected work, a general image of the project, detail pictures, a descriptive text and audio-visual material including innovative Augmented Reality technology. The design of the exhibition included a wooden and metal support structure with rotating panels formed by a white canvas stretched over a wooden frame. The exhibition was captured in a catalogue, organised in three parts: words, i.e. texts and presentations, works, i.e. data, drawings and pictures, and afterword. Furthermore, the edited catalogue includes the possibility of expanding the information through the use of Augmented Reality. This technology is the integration of real time digital information with live videos or pictures. Basically, it takes an existing picture and blends new information into it. Thus, the selected architects produced a 40 second film of each project and a small logo under the most representative picture was inserted; when viewers present their smartphone to the picture, they can watch the film of the respective projects.

A côté, we had a series of events. The first one was the opening ceremony at the COAC, with a presentation of the exhibition, a roundtable and a lecture on the chosen topic. The second one was composed by an academic discussion and lecture, and was hosted by

Штаб-квартира COAC объединения архитекторов Каталонии была престижным местом для проведения выставки. Действительно COAC находится в исторической части Барселоны, напротив собора.

Для выставки мы организовали 6 вводных планшетов с общей информацией и 20 планшетов по одному на проект. На планшетах отображались основные данные, крупное изображение проекта, описание и аудиовизуальные материалы, включая инновационную технологию Дополненной Реальности (Augmented Reality). Дизайн планшетов выставочного оснащения включал металло-деревянные опорные элементы и вращающиеся панели, сформированные белыми холстами, натянутыми на деревянную раму.

Выставка была оформлена в каталог, состоящий из трех частей: слова, т.е. тексты и презентации; проекты, т.е. данные, чертежи и рисунки; послесловие. Кроме того каталог включает возможность получить больше информации с помощью технологии Дополненной Реальности. Эта технология позволяет интегрировать цифровую информацию с реальными видео или изображениями в режиме настоящего времени. Например, мы берем существующее изображение и совмещаем его с новой информацией. Таким образом, архитекторы реализовали 40 секундный фильм про каждый из проектов, также мы расположили небольшой логотип под наиболее важными изображениями. Когда пользователь концентрировался на этой картинке с помощью смартфона, он мог посмотреть видео соответствующего проекта.

Далее мы провели серию мероприятий. Первым стала торжественная церемония открытия на COAC с Roca Gallery in Barcelona. The academic meeting, between teachers of the AAM, of the ETSAB in Barcelona and students, was developed with the intention of discussing, sharing and exploring education models in architecture. The aim of this event was to reinforce the network of the architects involved in the Connection Project, in order to create possible, international professional relations and new opportunities and meetings, introducing local architecture to an international audience.

Addressing the Barcelona Export, we selected the topic of the 'Barcelona Model' and the quality of residential buildings. Indeed, the optimisation of all types, especially in public housing units, brings together the knowledge inherited from Barcelona's great architects of the 30s to 70s like Sert, Bonet, Coderch, Mitjans and Barba Corsini, among others. Currently, a younger generation of architects has been successfully addressing the issue of contemporary housing and, at the same time, has sought to respond to the new social demands and urban layout. Many of these projects manage to provide new types and new ways of integrating urban public space, creating new synergies, which had been abandoned during the boom years. We show housing projects of interest for their relations with public space and for their contribution to the construction of a constantly evolving Barcelona. As for the previous event, we set up an exhibition and published a catalog, also containing Augmented Reality technology.

In conclusion, the Cities Connection Project is now underway and we are developing new destinations and connections every semester.

презентацией выставки, дискуссией за круглым столом и лекцией на выбранную тему. Вторым мероприятием стала научная дискуссия и лекция, она была организована галереей Roca в Барселоне. Академическая конференция, между преподавателями AAM, в ETSAB в Барселоне, и студентами, была создана с целью обсуждения, обмена и изучения образовательных моделей в архитектуре. Целью данного мероприятия было создание связей между архитекторами, участвующими в проекте Connections, для того, чтобы создания возможных международных профессиональных коллабораций, а также для того, чтобы увидеть новые возможности и спланировать будущие встречи, представляя местную архитектуру международному контексту. Обращаясь к проекту Барселона Экспорт, мы выбрали тему о «Барселонской модели» и качестве жилых зданий. В самом деле, оптимизация всех видов, особенно социального жилья, это то что объединяет знания, унаследованные от великих архитекторов Барселоны 30-х и 70-х годов, таких как Серт, Бонет, Кодерч, Митжанс , Барба Корсини, и других. В настоящее время молодое поколение архитекторов справлялось с вопросом о новых жилищных программах и в то же время стремилось ответить на новые социальные требования городских районов. Многие из этих проектов предлагают новые модели и новые пути интеграции городского общественного пространства, создавая новые возможности для взаимодействия, которые в годы бума были обделены вниманием. Мы показываем жилищные проекты, интересные своим взаимоотношением с публичным пространством и вкладом в строительство Барселоны, которая постоянно развивается. Как и в предыдущем случае мы создали выставку и каталог, содержащий технологии Дополненной Реальности.

В заключение проект Cities Connection сейчас продолжается и мы разрабатываем каждый семестр новые направления и связи.

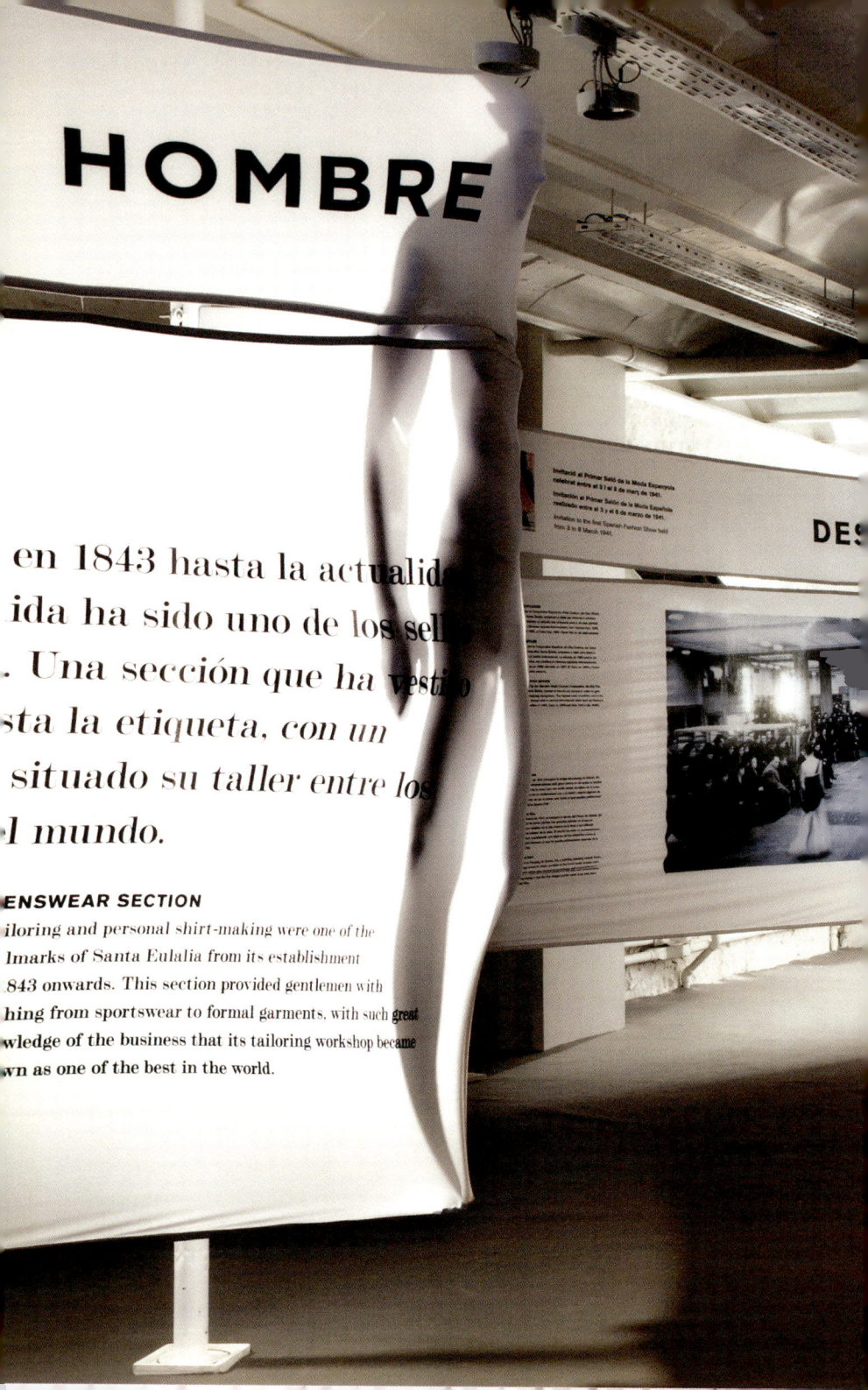

Santa Eulalia Showcase - XNF arquitectos
picture courtesy of Nicola Regusci

Обзор лекции Никола Регуши

Марина Игнатушко: Социальное жилье, выставки и просвещение.
Цикл «Архитектор как гражданский активист» - совместная инициатива Швейцарского совета по культуре «Про Гельвеция», Международного института архитектуры i2a и школы МАРШ. В его рамках лекции читают молодые швейцарские архитекторы, в чьей практике и исследованиях заметен интерес к проектированию как гражданской активности. Швейцария - мировой «чемпион» в вопросах гражданского общества и участия населения в управлении страной. Но только при сравнении таких разных социальных сред, как Швейцария и Россия, можно понять важность этого движения. В завершение цикла лекций i2a и МАРШ проведут круглый стол для обсуждения роли архитектора в российском гражданском обществе. В центре дискуссии - архитектурные и художественные проекты в Швейцарии, позволяющие создать общественную платформу для архитектурной дискуссии, укрепить сотрудничество России и Швейцарии и поддержать «общественную ценность» архитектуры, ее гражданскую и образовательную роль.

Директор института архитектуры i2a Людовика Моло объяснила, что для швейцарского архитектурного форума, который она возглавляет, исследование территорий и среды - вопрос изучения современной реальности. Архитектура помогает в прочтении и понимании феноменов жизни. И подборка лекторов для выступления в МАРШ - это шанс для россиян увидеть швейцарское «единство в разнообразии». Архитекторы - из разных регионов страны, закончили разные вузы, и у каждого - свой подход к проектированию, свои способы взаимодействия и влияния на окружающую реальность.

Никола Регуши своим выступлением этот тезис подтвердил. Его родной Лугано - город в италоязычном кантоне Тичино на юге Швейцарии. Никола закончил школу архитектуры Женевского университета, живет в Барселоне. Хотя, если судить по его рассказу, живет и работает он в полете: начало и конец выступления визуально обрамляла видео-карта Европы с движением самолетов в реальном времени. Заказчики и любимые братья (их у Никола три) имеют разные евроазиатские адреса, в том числе, один из них - на берегу Персидского залива. Кроме того, Никола организовал межкультурный обмен - Connection Import-Export - программу по укреплению связей между Швейцарией и другими странами для «лучшего понимания профессии архитектора и ее значения в обществе».

Программа развивается как единый проект в виде серии передвижных выставок, форумов, обменов и встреч. Это не отчетные смотры по временным или территориальным признакам: каждый новый город или регион, присоединяясь к проекту, пред-

A review of Nicola Regusci lecture

Marina Ignatushko: Social housing, exhibitions and education.

The cycle The Architect as Civil Agent is a joint initiative of the Swiss Council for Culture Pro Helvetia, i2a - international institute of architecture and the MARCH school. The series of lectures are built around young Swiss architects, whose practice and research mark an interest in civic involvement, confirming their affiliation to world's 'champion' in civil society and the population's participation in governance. But only when one compares different social environments, such as Switzerland and Russia, is it possible to understand the importance of this approach. At the end of the series of lectures, i2a and MARCH will hold a round table to discuss the role of the architect in the Russian civil society. At the heart of the lecture series, there is the architectural and artistic project in Switzerland, designed to create a public platform for architectural debate aimed at strengthening the cooperation between Russia and Switzerland and to support the 'social value' of architecture, its civic and educational role. The director of i2a - international institute of architecture, Ludovica Molo, explained that the Swiss institute which she chairs studies landscape and the environment -a way of understanding contemporary reality. If architecture helps in this reading and understanding, the selection of speakers that were to lecture in MARCH was a chance for the Russians to see the Swiss 'unity in diversity'. These architects come from different parts of the country, from different universities, and each have their own approach to design, their specific mode of interaction and impact on the surrounding reality. However, they share a certain attitude. The lecture of Nicola Regusci confirmed this idea. His native Italian-speaking city is Lugano, in the Canton Ticino. Nicola graduated from the school of Architecture of the University of Geneva and lives in Barcelona. Based on his account, he lives and works in aeroplanes: indeed, for the beginning and the end of the lecture, he displayed a video map of Europe with the movements of aircraft in real time. Clients and beloved brothers -there are three Regusci around- have different Eurasian addresses, including one on the shore of the Persian Gulf. In addition, Nicola organised cultural exchanges -namely the Connection Import-Export programme- in order to strengthen the ties between Switzerland and other countries for 'a better understanding of the architectural profession and its importance in society'.

This cultural exchange programme is developed as a single project in a series of travelling exhibitions, forums, exchanges and meetings. This is not based on inspections of temporary or territorial criteria: each new city or region, to join the project, offers a theme corresponding to its cultural context. Suffice to mention the last two: 'Ticino: architecture, building and grounds' and 'Barcelona: social housing in the urban context', two exhibitions that visited Spain and Switzerland. Exposure is made up of projects of architects under the age of 50, selected by a professional commission. Age limit is an important point: for example, Mario

лагает свою тему, отвечающую его культурному контексту. Достаточно упомянуть две последние: «Тичино. Архитектура и территория» и «Барселона. Социальное жилье в городском контексте» - в прошлом году эти выставки побывали и в Испании, и в Швейцарии. Экспозиции составлены из работ архитекторов до 50 лет - их отбирала комиссия профессионалов. Возрастной ценз - принципиальный момент, например, для Тичино, современная архитектура которого прославилась в 80-е годы прошлого века и укрепила свою репутацию благодаря проектам поколения Марио Ботта. Однако за прошедшие десятилетия, вслед за изменением пейзажа, принципиально изменился контекст проектирования: города низкой плотности расширили свои пространства так, что долины превратились в безграничные поселения, где бессмысленно искать пригород и центр. В анклавах, разделенных дорогами, качество жизни стало иным. В этой ситуации уже недостаточно одних «правил местного дизайна» - как позиционировать здание по отношению к дороге или на склоне. Перед архитекторами стоят новые задачи. Поэтому организаторам выставки важно было понять: насколько развито у молодых критическое мышление? Есть ли желание сотрудничать с городским сообществом, а не только воспроизводить приемы проектирования 1980-х и 1990-х? Готовы ли они верно оценивать изменившиеся условия, чтобы делать архитектуру, отвечающую потребностям общества?

«Социальное жилье в городском контексте» - это как раз о том, как молодое поколение каталонских архитекторов убедительно среагировало на актуальные социальные требования. Проект Connection_Export Barcelona выявил новые виды и новые способы интеграции жилья и общественного пространства. Никола Регуши показал на лекции несколько объектов.

Например, многофункциональный комплекс бюро Coll-Leclerc в Эшампле, в плотной старой застройке. Архитекторы поставили в глубину квартала на 28,5 м два узких корпуса со смещением друг относительно друга, организовав между ними пешеходную зону, которая одновременно стала школьным двором и вместила спортивные площадки. В одном корпусе - начальные классы, во втором - 45 квартир по 45 м2, похоже, субсидированное жилье для молодежи. Принципиально - изменение типологии застройки, возможность пересмотра городских стандартов и нормативов. Для чего? Чтобы создавать эффективные программы, отвечающие потребностям разных групп горожан. Какие это могут быть группы - видно и по другим барселонским объектам. Программа Connection Import-Export основана на опыте работы Никола Регуши в Барселонском агентстве поддержки архитектуры (АААВ). Агентство объединяет междисциплинарную команду, в основе деятельности которой - образовательный эксперимент: в ходе открытых воркшопов возможно непосредственное общение сту-

Botta, despite being instrumental in the growing reputation of modern architecture in Ticino since the 80s, is now beyond the interest for this exhibition programme.

However, over the past decade, following the change of scenery, the design context has fundamentally changed: low density cities have expanded so that the surrounding valleys have become limitless settlements where it is pointless to seek suburb or centre. In any case, in enclaves separated by roads, the quality of life was previously very different. In these conditions, it is no longer sufficient to follow 'local design rules', i.e. how to position a building in relation to the road or the slope. Architects face new challenges. Therefore, during the organisation of the exhibition it was important to understand how critical thinking has changed. How do the young wish to collaborate with the urban community and avoid following the design techniques of the 80s and 90s? Do they correctly assess the conditions that allow architecture to comply with society's needs?

'Barcelona: social housing in the urban context' was simply about how the younger generation of Catalan architects had reacted to urgent social demands by creating new types and new ways of integrating housing and public space. An illustration of this is a mixed-use complex office by Coll-Leclerc in the Eixample district: in the dense old building, the architects inserted two slightly offset narrow bodies, placed between the pedestrian area that constituted the school yard and the playgrounds. One volume housed the primary school; the other 45 subsidised apartments of 45 sqm each. The principle was a change of building type, the possibility of redefining the city's standards and regulations. What for? To create effective programs which meet the needs of different groups of citizens.

The Connection Import-Export programme is based on the experience of Nicola Regusci and the Agency for Supporting Barcelona Architecture. The Agency brought together an interdisciplinary team dedicated to carrying out experimental workshops open to students and teachers who undertake research thanks to cooperative means. Students are taught modern methods of visualisation and talk about the development of business models. The Agency also organises book presentations and screenings, which focus on light in photography and on how materiality can turn into an obsession. Architects understand the efforts in sustainable development, have the benefit of parties with drinks, discussions on Connection and other exhibitions on urban history. Such a dense and varied program brings together designers from different generations, undoubtedly develops formal and informal exchanges between colleagues and, most importantly, expands the idea of interaction between man and space. An inevitable question arises: how can architects find the time and the money required for such a project? Training capabilities, design, public relations: all these events and exhibitions suggest productive interaction with sponsors. And it is so. Following Regusci's account, two-thirds of their effort depends on finding and convincing the project partners. Effectively,

Import Ticino at COAC - AAAB
picture courtesy of Nicola Regusci

дентов и преподавателей, и они вместе проводят исследования. Студентов обучают современным способам визуализации проектов, рассказывают о моделях развития бизнеса. Клуб AAAB устраивает презентации книг и кинопросмотры, там размышляют о свете в фотографии и о том, как чувственность может превратиться в сексуальную одержимость. Архитекторы оценивают усилия Ванкувера в устойчивом развитии, проводят балы с напитками и рисованием, обсуждают Connection и программу выставок исторических городов. Такое плотное и разнообразное совместное времяпрепровождение проектировщиков разных поколений, несомненно, развивает формальные и неформальные связи между коллегами, открытость и коммуникацию, и, главное, расширяет представление об аспектах взаимодействия человека и пространства. Неизбежный вопрос: как архитекторы находят на это даже не столько время, сколько средства? Уровень подготовки, дизайна, пиара всех этих мероприятий и выставок говорит о продуктивном взаимодействии со спонсорами. Так оно и есть. И не случайно: по рассказу Никола, две трети усилий как раз приходятся на поиски и привлечение к проектам партнеров. Умение общаться, убеждать и увлекать так же необходимы современному архитектору, как рисование.

Да, Никола Регуши, в первую очередь - архитектор, и проектная практика его бюро XNF arquitectos ведется в разных направлениях. Это расширение жилой застройки города в Каталонии, развитие спортивной зоны в районе Эль Папийол, создание декораций для оперы, похожая на волшебное преображение реконструкция старых домов, строительство новых объектов, например, частного дома, где одно из окон раскрывается в резервуар с водой, который, в свою очередь, выглядит как естественный элемент пейзажа.

У бюро много артистичных выставочных экспозиций, и среди неожиданных решений - подача материала в прозрачных трубах, которые зрители могут вращать. Отдельная тема - мода. XNF arquitectos сочинили для престижного бренда пространство из прозрачных тканей, на которых была напечатана экспозиция, посвященная 168-летней истории фирмы по выпуску одежды. Несколько лет сотрудничества связывает бюро с организацией по поддержке молодых художников и дизайнеров, устраивающей дефиле в самых неожиданных местах Барселоны. Так, в рамках весенней культурной программы метрополитена столицы Каталонии на одной из центральных станций был устроен парад творений начинающих кутюрье. А бюро Никола Регуши придумало, как устроить гардеробную для моделей на срединной полосе траволатора, развести потоки пассажиров, и сделать шоу зрелищным и комфортным для всех. И этот пример показывает, что даже временные конструкции помогают создать яркий эффект и долговременную коммуникацию.

the ability to communicate, persuade and engage are as necessary to a modern architect as designing is. Yes, Nicola Regusci is first of all an architect who manages a design practice, his office XNF arquitectos, and carries out different projects: residential developments in cities around Catalonia, the development of a sports' area in el Papiol, sets for operas, a magical reconstruction of an old building, the construction of new buildings such as a private homes - notably one with a window that opens into a water pool which in turn looks like a natural part of the landscape. A further topic is fashion: XNF arquitectos created for a prestigious brand a strip of fabric on to which the company's 168-year history was printed.

Numerous years of cooperation have developed into a network that helps young artists and designers, enabling for example the design of a catwalk in the most unexpected places of Barcelona: during the spring cultural programme of Barcelona's underground, one of the stations was transformed to house a fashion show. The architect Nicola Regusci found a way of simultaneously arranging dressing rooms and melting the flows of passengers and models on the travelators, thus making the show entertaining and comfortable for all. As this example shows, even temporary structures can, thanks to architecture, help create a very striking effect and long-term communication.

from Archi.ru, 12/06/14

TRIBU architecture

Christophe Gnaegi

Позиция из Лозанны

A position from Lausanne

Интервью с Кристофом Гнаэги

An interview with Christophe Gnaegi

TRIBU architecture - Christophe Gnaegi

TRIBU architecture была основана в начале 2000 года тремя архитекторами из EPFL объединенных этическим мышлением и профессией архитектора. Архитектура существует для человека и для общества. Для того чтобы быть пригодной для жительства, она должна быть разработана с точки зрения пользователя. Она также должна учитывать контекст и отражать его качества, как локальные так и более широкого характера. Ответственность архитектора соответственно не заканчивается реализацией объекта, а также включает его последующее влияние на контекст. Архитектор должен содействовать устойчивому развитию архитектурной среды. Изходя из этих принципов, офис TRIBU architecture работает в четырех тематических направлениях: архитектура, градостроительство, диалоги с общественностью о происходящем в строительной сфере, ассоциативная и политическая приверженность

TRIBU architecture was founded by three architects graduated from the Polytechnic school of Lausanne, and interested in engaging architecture and the profession with ethical thinking. Indeed, TRIBU thinks that architecture is made for man and for everyone. So, to be actually inhabited, it must be designed from the user. It must also be contextual and interrelate close and wider environment. Therefore, the responsibility of the architect don't stop to the building, but includes its impact on the context, too. Beyond market forces, an architect needs to commit to a sustainable built environment. Elaborating on these principles, TRIBU architecture has engaged in four thematic areas: architecture, urbanism, public awareness of the built environment, associative and political commitment...

Позиция из Лозанны

Кристофом Гнаэги: О TRIBU и гражданской активности. Урбанистика является темой, которая интересует архитекторов TRIBU с момента создания компании. Почему мы начали строить города? Почему мы живем вместе? Глядя на характеристики городов разных эпох, понимаешь, что они отвечают определенным требованиям. И именно эти потребности объединяли людей в группы. Средневековый город, например, характеризуется необходимостью защиты. Торговля являлась таким же ключевым элементом в строительстве городов, как при выборе места так и при дизайне общественных пространств. Религия и политическая власть были вовлечены в строительство городов. Таким образом, учитывая все это, мы можем заметить, что типичная форма городов на различных этапах развития цивилизации менялась. После этого пришел современный город. Что такое современный город на самом деле? Ле Корбюзье и другие модернисты из его круга выдвинули теорию о том, что должен из себя представлять современный город. Таким образом, они определили пространство вокруг зданий, соответсвующее санитарным соображениям, и начали создавать среду, в которой мы будем осуществлять нашу жизнедеятельность, так мы начали спать в одном месте, работать в другом, и т.д. ... Но самым радикальным преобразованием было то, что здания теперь связывли только дороги: улицы стали пропадать и должны быть замещены машинами. Таким образом, если мы посмотрим на план Вуазен в Париже,

A position from Lausanne

Christophe Gnaegi: On TRIBU and civil agency. Urbanity is a topic that interests TRIBU architecture since its creation. Why have we built cities? Why do we live together? Looking at the characteristics of cities from different eras, one realises that cities meet certain requirements. And it is these that drove men to re-group. The medieval town is characterised by the need for protection. Trade has also been a key element in the construction of cities, both in terms of location and the design of public spaces. Religion and political powers were also involved. So, considering this, we can see that the typical form of cities at different stages in different civilisations has changed. And then, we have the modern city. What is the modern city, actually? Le Corbusier and other modernists around him had a theory about what the modern city should be. They defined space around buildings for sanitary reasons and they separated the different environments in which we live our life; so we started to sleep in one place, to work in another, etc... But the most radical transformation was that buildings started being linked by roads: the street began to disappear to be replaced by cars. So, if we look to Le Corbusier's Voisin plan for Paris, we can see that the buildings are shaped in order to optimise exposure to sunlight and that they are surrounded by roads of different sizes. Unfortunately, the old parts of Paris were much more denser, in spatial terms, than the one drafted by the modern project. There was a kind of inversion: the modern city is made of objects built in an infinite open space,

мы увидим, что здания имеют форму, которая позволяет получить максимум солнечного света, и окружены широкими дорогами различных размеров. Важно знать, что историческая застройка Парижа была гораздо более плотной, в сравнении с современными проектами: наблюдается своего рода инверсия: современный город состоит из объектов, построенных в рамках бесконечно открытого пространства, в то время как исторический город состоит из открытого пространства вырезанного из застроенного пространства.

Таким образом, первым следствием современного города является гипертрофическое разрастание пространства для автодвижения и парковок. Пространство, используемое автомобилем оказало действительно большое влияние. Другое дело, социальная поляризация. В связи с новым масштабом современного города, люди стали жить в разных районах в соответствии с их социальным статусом. Это очень распространено сегодня в большинстве городов по всему миру. Я думаю, что это большая, возможно самая важная, проблема связанная с вопросом о плотности городской застройки сегодня.

Плотность является городской характеристикой, подразумевая помимо непосредственно плотности застойки, качество социальных и психологических связей между людьми, разделяющими пространство.

Таким образом, сегодня встает вопрос, жив ли до сих пор современный город или есть что-то еще, новая форма урбанизма, которой мы должны придать форму. Так, с архитекторами TRIBU мы постарались взять тему урбанистики за основу нашей работы. Это было в самом начале, возможно в первый или второй год после открытия фирмы.

while the historical city is made of open spaces carved out of built spaces.
Thus, the first consequence of this modern city is the hypertrophic emergence of space for mechanical mobility and parking. The space used for the car had a considerable impact. The other aspect is social polarisation. Due to the new scale of the modern city, people started to live in different places according to their position in the socio-economic system. This is currently very common in most cities around the world. I think this is a big -maybe the most important- problem related to the issue of urban density. Density is urban, but not in presence of a disaggregated society, or when it is not complemented with increasing awareness of the problems of living together.

So, today, the question is if the modern city is still alive or whether there is somewhere something different, a new form of urbanity that we need to give shape to. With TRIBU architecture we tried to turn this question into the actual foundation of our work. This was quite early, at the very beginning of our firm. Now we are thirteen. There are four partners and different kinds of employees: architects, urban designers, construction managers and administration. Beside architecture and urban design, we have undertaken different activities related to the relationship between people and their environment. Indeed, when we were students, the main issue was that the general public do not understand the built environment in which they live. Given that this makes it difficult for architects to speak to the public and local authorities, our goal became to build environment awareness campaigns. We wanted to communicate with everyone, not by teaching but by raising awareness. Our goal was not to impress people, but to popularise the is-

Сегодня нас тринадцать человек, у нас есть четыре партнера и различные специалисты: архитекторы, городские проектировщики, специалисты, сопровождающие объекты в строительстве и выполняющие административную часть. Кроме архитектуры и городского дизайна, мы занимаемся также другими видами деятельности, исследующими взаимосвязь между человеком и окружающей его средой. Действительно, когда мы были студентами, основной проблемой было то, что люди не понимают устройства искусственной среды, в которой они живут. Это затрудняет диалог архитекторов с обществом и властями, поэтому нашей целью стало развитие чувства ответственности общества перед окружающей средой. Мы хотели донести это до всех не обучая, а именно развивая чувство ответственности. У нас не было цели произвести впечатление на людей, скорее мы ставили задачу популяризации вопроса и старались доходчиво объяснить сложную структуру города простым языком.

Таким образом, мы начали тестировать различные форматы диалогов с различными слоями общественности. Сейчас мы нацелены на детей в школах и других институтах, профессионалов, туристов, студентов вузов. Другими словами, широкую аудиторию. Иногда это способствует формированию любопытных подходов: для детей с неустойчивым вниманием уроки и лекции, совмещаются с практическими упражнениями. Прежде всего, мы стараемся описать, что представляет из себя профессия, и что является обязанностью архитектора. Мы объясняем, что представляют из себя чертежи, макеты, схемы, являющиеся частью дисциплины. После чего мы пытаемся объяснить детям, что за формой дома стоит логическое обоснование,

sues and to explain the urban complexity with simple words.

So, we started to use different ways of speaking to different audiences. Now we are able of targeting children in schools, children in general, professionals, tourists and high school students. In other words, almost everyone. Sometimes, this implies curious approaches: for example, for children, it takes the form of lessons, lectures, and concrete exercises, because of their short attention span. First of all, we try to describe what the profession is and what architects' duties are. So, we explain what a plan, models and diagrams, all the disciplinary issues, are. Afterwards, we try to explain to the children that there is a reason behind the shape of a house, a reason linked to the materials that we are using, too. We try to use both old examples and new building types. We also show the impact of a building's use. And after that, we wander around the city and look at the material reality that we see every day without questioning it. Few people know about the history of the city and even then not much. Anyway, almost everything can be understood from the shape of the city. This 'wandering' exercise is very popular and, in fact, is quite demonstrative. Another exercise is to assign the children a model to build and ask them to tell us the story behind the building they are making a model of. Then they put all the models together to form a neighbourhood. If there are many classrooms in a school, and we work with the entire school, the overall school can produce a city. So, we have all these small houses and the students start to grasp the complexities behind arranging a city. Indeed, it is all about urban complexity. That is what we want to convey. When the architects' clients are not happy, most of the time it is because they do not like things like the

Urban explorations - TRIBU architecture
picture courtesy of TRIBU architecture

которое связано, в том числе, с материалами, которые мы используем для строительства этого дома. Мы стараемся использовать как традиционные примеры так и некоторые новые типологии зданий. Мы показываем, как форма влияет на функцию. После этого мы идем в город, чтобы бродить по нему и наблюдать реальность, которую мы видим каждый день, не задаваясь вопросами. Немногие знают хорошо историю города. Достаточно многое можно понять из формы города. Это «бродячее» упражнение довольно популярно и весьма результативно. Другое упражнение заключается том чтобы дать детям задание построить макет и попросить их рассказать нам историю о здании, которое они собрали. Затем они группируют все макеты вместе, в район. Если в школе несколько классов и мы работаем со всей школой, все вместе мы можем собрать целый город. Таким образом, имея все эти домики, дети начинают понимать сложную систему, которая стоит за организацией города. Действительно, все дело в многообразии и комплексном устройстве городов. Вот что мы хотим донести. Когда клиентам архитекторов что-то не нравится, в большинстве случаев они недовольны цветом здания. Безусловно существует необходимость в образовании, которое расширило бы их критический подход к таким вещам, как городской контекст, в котором располагаются их здания. Упражнение с макетами например помогает прояснить эти условия, исследуя взаимоотношения между зданиями различного масштаба: например, если в городе есть большое здание, скорее всего, это может быть университет с библиотекой, такая разница в пропорциях подразумевает наличие определенного количества свободного пространства деком-

colour of the building. What is clearly needed is an education that can extend their critical approach to things like the urban situation in which their building is placed. With the model exercise for example, we clarify these conditions by questioning the relationship that buildings of different scales can create: i.e. if there is a large building in the city, it might most probably be a university with a library and this difference in scale implies certain urban spaces around the building. That is what determines the city. Another common exercise is to go in a building and ask the students to analyse the space with their senses: what they can smell, what they can see, what they can hear, what they can feel when they touch the materials. After that, we go to a car-park and do the exercise again. They thus understand that all this is material for architects and that all our senses are important for architecture. Finally, there is one last exercise: students have to criticise a building. That is very interesting for an architect. Indeed, we discovered that there are many issues about urbanity that are generically unquestioned.

Obviously, we work mainly in urban design. Indeed, we are currently working on several such projects, but we are also studying the question of mobility in cities of different sizes: for example to find where to put bicycle boxes or to determine the nature of soft-mobility. We have produced urban designs for different types of areas. But, we have by now realised that urban questions are influenced by politics. So, we have decided to develop another activity, essentially associative and political. Thus, we have developed 'user guides' on different questions, for example on ecology, economy, density and the question of vertical building, currently a very important question in Switzer-

прессии вокруг здания. Это является определяющим для города. Другое популярное упражнение заключается в том, чтобы пойти в здание и попросить учащихся проанализировать его пятью органами чувств: запах, который они чувствуют, то что они видят, то что они слышат, то что они ощущают, когда прикасаются к нему. После этого мы идем на парковку и начинаем упражнение заново. Упражнение помогает понять, что всё это важный материал для архитекторов и все чувства важны для архитектуры. Наконец, есть еще одно, последнее упражнение: ученики должны попробовать критиковать здание. Это очень интересно для архитектора. Действительно, мы обнаружили, что существует много вопросов в урбанистике, о которых мы раньше не задумывались.

Большая часть наших работ связана с городским дизайном, что не сложно представить. Мы делаем несколько проектов такого рода, мы также исследуем тему мобильности в городах различного масштаба: решая такие задачи, как например, где лучше расположить стоянку велосипедов или определяем природу soft mobility. Мы создаем классический дизайн городской среды для различных типов местности. В какой-то момент мы поняли, что городские проекты тесно связаны с политикой. И тогда мы решили заняться другой деятельностью, которая была бы, в сущности, политизированной. Так мы разработали «инструкцию по применению» для общественных бассейнов, охватывающую различные темы, связанные с экологией, экономикой, плотностью, высотностью, очень актуальных сегодня в Швейцарии. Мы опубликовали несколько книг, чтобы популярно объяснить эти вопросы и провели несколько исследований, посвященных конкретным проектам land. We published simple little books to simply explain these questions. We have compiled some issues on specific urban design projects for Switzerland; there was a project for a tunnel just under an important square, a crucial place, in the city of Lausanne, and we tried to demonstrate that this tunnel was not necessary. We also claimed that what was needed was a reorganisation of the ground level. After all, urbanity is not about tunnels, especially from point of view of an architect.

Finally, we also do housing projects of different types, social housing as much as standard housing, public buildings institutions, urban centres, office buildings and extensions or conversions of small houses. In order to conclude, I would like to highlight three of TRIBU architecture projects. The first one is a project that was the result of a competition organised by the city of Lausanne. The program, because of the general need for housing, requested the construction of sixty new living units. The required building standards in sociological, ecological, and economical terms were very high. In order to respond in a contextual way, we framed the nearby river with the trees: in this way, we created a distance to the surrounding nature but maintained some landscaped areas for the buildings and for the community centre that opens on to the public space and provides private access to the apartments. We have thus defined a plan that builds a visual connection between the street and the river, a shape that reduces the impression of their scale and preserved the advantage of a single collective stairwell. For the construction, we decided to use very simple and efficient solutions. The material of the façade is wood that has been treated to guarantee its longevity and helps with the desired increased thermal insulation

территориального развития в Швейцарии. Например существует проект туннеля под главной площадью, ключевым местом в городе Лозанна, мы постарались объяснить, что этот туннель на самом деле был не нужен, требовалась реорганизация наземного уровня. В конце концов, городская жизнь не в туннелях, особенно с точки зрения архитектора.

Наконец, мы также занимаемся проектированием объектов жилой застройки: социальное и типовое жилье, общественные здания для различных учреждений и городских центров, офисы, реконструкции небольших домов. Чтобы подитожить, я хочу кратко рассказать от трех основных архитектурных проектах TRIBU. Первый проект, мы получили в результате конкурса, организованного городом Лозанна. В конкурсном брифе значилось создание шестидесяти новых единиц жилья, что было обусловлено общей потребностью в расширении жилого фонда. Стандарты строительства должны были быть очень высокими, в социальном, экологическом и экономическом плане. Для того, чтобы ответить на проектные задачи учитывая контекст, мы сбозначили периметр набережной с помощью деревьев: таким образом мы сформировали дистанцию между природой и зданием, сформировав вокруг него пространство для ландшафта и комьюнити центра, который будет открыт для публики и будет обеспечивать доступ к частному сектору. Так мы создали план, по которому улица и река могут иметь визуальную связь, а форма здания позволит визуально уменьшить его масштаб, сохраняя при этом преимущества общего подъезда. Для строительства мы решили использовать простые и эффективные решения. Фасад выполнен из дерева , имеет

standard - which requires 24 centimetres of recycled insulation and triple-glazed windows. These buildings are currently under construction.

The second project was an urban plan and also the result of a competition. The task was to redevelop a large area in Lausanne. The city had four objectives for the plot. The first was to build a new part of the city with increased density. The second objective was to generate a real social mix in the neighbourhood. The third was to recreate urban continuity within the larger urban area and to avoid any form of isolation, whether autarky or confinement, of the neighbourhood. The fourth was to build an environmentally efficient neighbourhood. The site is close to the city centre and surrounded by buildings. It is currently a sports' area with a football stadium and other facilities for a number of sports. Their relocation to the city's outskirts gave way to the competition. We decided to develop the simplest solution to link the new neighbourhood with its surroundings and that is to extend the existing streets and to create new connections. This gave its structure to the new urban entity, a structure to which was added a wide main street through its middle. This benefits the centre of the wider area by offering an articulation between the city's east sector, currently quite built up, and the less built west. In this site, around forty hectares big, the side streets provide the first public space, the place where people meet and play. About the streets' sections it can be noted how the heights of the buildings have been calculated in order to allow the sun to shine on the facades even in the middle of the winter. And car mobility is primarily located in the shadowed parts of the ground flow areas, while the remaining parts open up for public spaces, gardens and facilities

высокую долговечность и улучшенную термоизоляцию, что обеспечивается 24 сантиметрами переработанного утеплителя и тройным стеклопакетом. Этот проект в настоящий момент находится в стадии строительства. Следующий проект из области городского планирования, его мы тоже получили по результатам конкурса. Проект представляет из себя значительное пространство для перепланировки в Лозанне. У города было четыре основных цели. Первой было построить новую часть города с увеличенной плотностью застройки. Вторая цель заключалась в том, чтобы совместить разные социальные группы в одном районе. Третьей задачей было создание городской непрерывности (urban continuity) в крупном районе города, избежав при этом изоляции от прилегающих территорий. Четвертой задачей было достижение экологической эффективности поселения. Участок проектирования находится близко к центру города, и является практически полностью застроенным. Сегодня здесь располагается спортивный комплекс: футбольный стадион и другие объекты для различных видов спорта. Перемещение всех этих объектов за пределы города создало необходимое пространство для проведения конкурса. Мы решили применить самое простое решение, интегрировав новый микрорайон в существующее окружение, для обеспечения непрерывности улиц и развития некоторых новых связей. Это легло в основу структуры новой части города, к которой была добавлена широкая главная улица в центре. Все это действительно позволяет сделать центр более просторным, обеспечивая взаимосвязи между восточной частью, более застроенной, и западной, менее плотной. На территории, размером

for children. Moreover, the big avenue in the centre of the neighbourhood creates a much wider space with large-scale buildings in the front row: it provides a setting for 'collective' activities: shops, industry or corporate offices. This dictates an asymmetric logic of the green areas: indeed, we have a natural public space, like a big park, in the middle and a small park in the south, while inside the blocks, we have alleys with different plantations. In functional terms, the final goal of the neighbourhood is to house 6'500 inhabitants and provide space for 3'500 jobs to which one should add more activities along the avenue and in a tower intended to the end of the city. Within the neighbourhood, there are some public facilities, too: for example schools, a community centre, sports facilities and also different private uses. If we look at the numbers, it is important to note one figure: the built surface ratio is around 50%. That is a lot, especially in comparison to other neighbourhoods in Europe. We have quite a high density. On the energy front, the important point is to benefit from a good urban form, especially if complemented with a simple but efficient system for managing and storing rainwater. Moreover, the site will provide a major link for soft mobility within the metropolitan area and thus a naturally close connection to the city centre. One last important aspect of the project is the planned interaction between mobility and the neighbourhood's phased development: indeed, we conceived a system of loops to bring cars inside the neighbourhood and grant access to each building, while simultaneously developing centralised parking that is built in stages following the project's development.

Now, the third project is a reaction to the idea of putting thousands of flats in an area despite several confrontations

примерно в сорок гектар, переулки обеспечивают первичное общественное пространство, место, где люди встречаются и играют. По разрезу улицы можно заметить, что высотность зданий определялась таким образом, чтобы солнце могло освещать фасады даже в середине зимы. Пространство для машин находится в тени, в то время как солнечная часть отводится под общественное пространство, сады и детские площадки. Широкое авеню в центре района с высотной застройкой на первом плане создает значительное пространство для коллективного использования: магазины, производства или корпоративные офисы. Также применяется асимметричная планировка зеленых зон: пространство большого парка в центре и небольшой парк на юге, в то время как внутри блоков располагаются аллеи с различными ландшафтными решениями. С функциональной точки зрения, конечная цель проекта района - разместить шесть тысяч пятьсот жителей и три тысячи пятьсот рабочих мест, расположив большую часть функций вдоль авеню и в башнях, которые также формируют периферию города. В проект включены определенные общественные учреждения, школы, районные центры и некоторые спортивные сооружения, а также пространства частного использования. Если мы присмотримся к цифрам, можно отметить: индекс плотности застройки составляет примерно 50%, что довольно много, особенно если сравнивать с другими районами в Европе. С точки зрения энернопотребления, это важный критерий для создания хорошей формы города , особенно если она будет дополнена простой, но эффективной системой менеджмента и хранения ливневых вод. Приоритет в центральной части проекта отводится soft mobility,

with the public and the socialist party in Lausanne. The project is in fact very simple. The site is located in an area with a new metro station and a very large hospital. It is surrounded by a number of neighbourhoods and a widespread green area. In the light of this, we devised simple means for developing a vision of the area that would connect these different elements.

We have shown our idea to the inhabitants of these neighbourhoods via presentations in their neighbourhood associations and have discussed the project's specifics with them. In the beginning, there were only thirteen people, but, in the end, they were able to influence the city council. So, here again, we have tried to take part by means of architecture in the life of the city and to approach its population. Indeed, we have done surveys to understand what people think about the neighbourhood. We have followed these up with three workshops to define the objectives of the neighbourhood's renewal. The city is now working on a brief of a competition for the renewal of the entire area. This is the way TRIBU architecture practices its civil agency.

что естественным образом создает тесные связи с городским центром. Последней важной частью проекта является проекция взаимодействия между транспортными средствами при поэтапном развитии района: мы разработали логику петель, которые будут создавать доступ для автомобилей в район, обеспечивая доступ к каждому объекту, в то же время развивая централизованные паркинги, которые будут реализовываться поэтапно, по ходу развития проекта.

И наконец третий проект, он является своего рода реакцией на идею расположить тысячу жилых домов на определенном участке, несмотря на конфронтации с общественностью и социалистической партией в Лозанне. Проект на самом деле очень простой. На участке есть метро и большая больница, он окружен несколькими районами и крупным зеленым массивом. Было предложено разработать видение территории, которое бы позволило соединить вместе элементы контекста. Мы постарались донести эту идею до общественности и обсудили специфику проекта с местными жителями. В начале было всего тринадцать человек, но к концу удалось привлечь к участию даже городской совет. Так мы попытались принять участие в жизни города посредствам архитектуры, и привлечь к этому местное население. На самом деле, проект бассейнов мы создавали для того, чтобы узнать, что люди думают о городе и качестве жизни в районе. После чего мы провели три семинара для определения целей по обновлению района. Ну, а теперь город работает над этим для того, чтобы провести конкурс на реновацию. Это метод, с помощью которого архитекторы TRIBU осуществляют свою гражданскую активность.

Bonne Esperance building complex - TRIBU architecture
picture courtesy of TRIBU architecture

Интервью с Кристофом Гнаэги

Ольга Мамаева: Почему в Москве не используют реки как альтернативную дорогу?
Московская архитектурная школа МАРШ совместно с Международным институтом архитектуры i2a проводит цикл лекций «Архитектор как гражданский активист». Это встречи, на которых швейцарские профессионалы рассказывают о своем опыте культурного посредничества между бизнесом, властью и обществом. 20 мая в МАРШ выступил Кристофом Гнаэги из лозаннского бюро TRIBU architecture.
TRIBU architecture занимается городским проектированием, а также строительством жилых и общественных зданий с 2000 года. На счету бюро множество побед в архитектурных конкурсах, например, на строительство Экоквартала в Плен-дю-Лу и жилого района в Бонн-Эсперансе. Помимо этого архитекторы занимаются общественной деятельностью - организуют образовательные программы, круглые столы и дебаты, посвященные проблемам городского развития. Ольга Мамаева расспросила Гнаэги о том, зачем им это нужно.
О людях? Еще студентом, глядя на то, как меняется мой район, мой город, моя страна, я понимал, что архитектура, вопреки сложившимся представлениям, - это не маленький закрытый мирок, интересный узкому кругу таких, как я, а сфера общественного интереса. Она тесно связана с политикой и гражданским активизмом. Когда я повзрослел и начал заниматься собственной практикой, то окончательно убедился, что это действительно так и не может быть иначе. Вы никогда не построите город, в котором люди будут счастливы, если не спросите их, что такое счастье.
Наше бюро TRIBU architecture много работает с детьми и подростками - в специальных проектах приняло участие уже порядка десяти тысяч школьников. Мы объясняем, какие задачи стоят перед архитектором и какими инструментами он обладает для их решения. Что такое общественное пространство и как оно может меняться. Что каждый из них может сделать, чтобы его изменить. На конкретных примерах дети учатся проектировать дома и целые районы, а затем собственными руками создавать картонные макеты и разрисовывать в самые невероятные цвета. Понимаете логику? Они делают город сами и относятся к нему как к своему авторскому произведению. Это формирует гражданское сознание.
Вы никогда не построите город, в котором люди будут счастливы, если не спросите их, что такое счастье.
Кроме детей мы работаем со студентами, пенсионерами, профессионалами в разных областях, которым небезразличны городские проблемы вроде экологии, создания парковок и парков, строительства общественных зданий. Многие из этих людей принадлежат к разным политическим партиям и, кроме того, входят в лозаннскую ассоциацию

An interview with Christophe Gnaegi

Olga Mamaeva: Why Moscow does not use the river as an alternative mode of transportation?
Moscow's school of architecture MARCH and i2a - international institute of architecture have organised a series of lectures entitled The Architect as Civic Agent. During these lectures, Swiss professionals have spoken about their experiences of cultural mediation between business, government and society. Christophe Gnaegi of the Lausanne office TRIBU architecture held a conference on 20 May.
TRIBU architecture has been active in urban design and the construction of residential and public buildings since 2000. The office has won a number of architectural competitions, such as the one for an eco-neighbourhood in Plaine du Loup and a residential area called Bonne Esperance in Lausanne. TRIBU is also involved in social activities: they organise educational programmes, round tables and debates on the problems of urban development. Olga Mamaeva interviewed Christophe Gnaegi about the reasons behind this approach.
About people? As a student, while looking at how to change my neighbourhood, my city, my country, I have realised that the world of architecture, contrary to established ideas, is not a small, closed one, only of interest to a narrow circle of people like me, rather, it addresses the public interest. It is closely linked to politics and civic activism. When I grew up and started my own practice, I finally realised that this is the case and will remain the case. You will never build a city where people will be happy if you do not ask them what happiness is.
Our office TRIBU architecture works a lot with children and young people: in special projects, we have already reached out to about 10'000 pupils. We explain what the challenges are facing the architect and with which tools they can be dealt with. We explain what public space is and how it can be changed. We explain above all that each one of them can actually change it. Based on specific examples, we help children learn to design homes and entire neighbourhoods, and then, with their own hands, they create cardboard models that they then paint in the most incredible colours: they make the city by themselves and sign it as their copyright work. This produces civic consciousness.
In addition to children, we work with students, senior citizens, professionals in various fields who care about urban problems, such as ecology, and address issues like parking spaces, parks and public buildings. Many of these people belong to different political parties and, in addition, are part of the city of Lausanne's association for the cultural initiatives Droit de Cité, which also finances all of our research and educational projects. Working with people is based on five basic principles: to inform, and not to teach, promote, and not to push, to listen to each person, and not drown out individual voices, to explain complex things in simple examples and talk to people in a language they understand.
About the role of the architect? As an architect, one is a link between the city and the authori-

городских культурных инициатив Droit de Cité, которая частично финансирует все наши исследовательские и образовательные проекты. Работа с людьми строится на пяти базовых принципах: информировать, а не поучать, популяризировать, а не давить, выслушивать каждого человека, а не заглушать отдельные голоса, объяснять сложные вещи на простых примерах и говорить с людьми на том языке, который им понятен.

О роли архитектора? Архитектор - это связующее звено между городом и властью. Во всяком случае, я всегда осознавал себя именно в этом качестве. Ты не строишь дом, ты помогаешь разным людям говорить друг с другом через пространство и здания. Иногда здание - вообще лишнее звено. Важнейшая составляющая любого проекта - создание комфортного общественного пространства, которое невозможно без участия самих граждан, жителей того или иного района. Один из примеров такого участия - преобразование жилого района в муниципалитете Валлон. В 2005 году, когда шли дискуссии о будущем этой территории, для местных жителей устраивались специальные прогулки, где обсуждали буквально каждый квадратный метр - что здесь может быть построено, чего они хотят, а чего не допускают. Здесь же проходили стихийные конференции, в которых принимало участие в среднем по 50 человек. На других площадках устраивались воркшопы. Каждый желающий мог предложить свои идеи, которые мы выслушивали и принимали во внимание, работая над конкурсным проектом.

О Швейцарии? В Швейцарии вообще и в Лозанне в частности новые здания строятся вокруг существующих общественных пространств, а не наоборот. Любому строительству предшествуют долгие дискуссии с жителями, поэтому, прежде чем где-то появится новый дом, пройдет масса времени. Это и хорошо, и плохо одновременно. Из-за этого я как архитектор построю меньше, зато лучшего качества. Главное, что отличает нас, швейцарцев, от всех остальных, - мы боимся больших городов, избегаем слишком масштабных проектов, высотного строительства, зато больше экспериментируем с формой и материалами. Спросите любого швейцарского архитектора, что он делает. Строит дом? Нет, создает арт-объект. Не меньше.

О Москве? В Москве больше всего потрясает контрастность центра и спальных районов. Внутри Садового кольца миллион кафе, ресторанов, дорогих магазинов и музеев, а на окраинах ничего этого нет. Такая центростремительная структура усложняет жизнь в городе и усугубляет и без того непростую ситуацию с пробками. Метро, которое у вас катастрофически перегружено, - одно из самых красивых мест в этом городе и, к сожалению, единственный способ добраться до нужного места вовремя. Я много гулял по набережным и думал: почему вы не используете реки как альтернативную дорогу? Это сможет разгрузить основные магистрали, а территории, прилегающие к воде, превратить в новые общественные пространства, которых в Москве все еще не хватает.

ties; I have always been aware of this specific duty. You are not building a house, you help different people talk each other through space and buildings. Sometimes buildings are an unnecessary link. The most important component of any project is the creation of a comfortable public space, but this is impossible without the participation of citizens, those who reside in the area. One example of such participation through our work is the transformation of a residential area in a municipality of Wallonia, Switzerland. In 2005, when there were discussions about the future of this territory, the locals arranged a special outing, where they discussed virtually every square meter: what can be built, what they want, and what is not allowed. There were spontaneous conferences, which were attended by an average of 50 people. On other sites, we organised workshops. Everyone could put forward their own ideas, which we listened to and took into account when we started working on the competition project.

About Switzerland? In Switzerland, generally speaking, new buildings are built around existing public spaces, not vice versa. Any new construction is preceded by long discussions with the residents. So before a new home appears anywhere, it can take a lot of time. This is both good and bad. Because of this, I am an architect who builds less, but with better quality. The main thing that sets us apart, the Swiss, from all the others, is that we are afraid of oversized cities, we avoid oversized projects and high-rise construction, but we experiment more with shapes and materials. If you ask any Swiss architect about what he does, he will reply that he is not building a house but rather a piece of art. No less.

About Moscow? Moscow shocks me in its contrast between the centre and the surrounding 'dormitory towns'. Within the Garden Ring, there are millions of cafes, restaurants, expensive shops and museums, while on the outskirts, there is nothing. This centripetal structure complicates life in the city and exacerbates an already difficult situation in terms of traffic. The underground system, that you have desperately overburdened, is one of the most beautiful places in the city and is, unfortunately, the only way to get to your destination on time. I have taken walks along the river quays and have thought: why do you not use the river as an alternative mode of transportation? This would relieve the main roadways and the areas adjacent to the water could turn into a new public space, something which Moscow is still lacking.
from Colta.ru, 05/21/14

pool architekten

Andreas Sonderegger

Позиция из Цюриха

A position from Zurich

Интервью с Андреасом Сондереггером

An interview with Andreas Sonderegger

pool architekten

Почему некоторые действия складываются в определенное время в определенном месте специфическим образом, а не иначе? Бюро Pool пытается увидеть работу архитектора во взаимосвязи с культурно-временным контекстом: на стыке экономики и технологий, конвенций и инноваций, исследований и интуиции. Pool изначально задумывалось как площадка для обсуждения архитектуры и градостроительства, и было официально учреждено в 1998 году восьмью партнерами - Дитером Бахманном, Рафаэлем Фреем, Маттиасом Хейнцем, Филиппом Хиртлером, Дэвид ом Летхольдом, Андреасом Сондереггером, Мишей Шпёрри и Маттиассом Стокером. Сам офис и формат работы воспринимаются как незавершенный процесс в отношении постоянно изменяющейся профессии и как адекватная форма организации.

Why is something done in a certain time at a certain place in a very specific way and not another? pool tries to reflect the architect's work in its dependence on temporally and culturally conditioned complex conditions: the meshing of economics and technology, of convention and innovation as well as research and intuition. pool, originally a platform for discussion on architecture and urban planning, was officially established in 1998 by eight partners Dieter Bachmann, Raphael Frei, Matthias Heinz, Philip Hirtler, David Leuthold, Andreas Sonderegger, Mischa Spoerri and Matthias Stocker. Office and form of work are understood as a work in progress with regard to an ever-changing profession and proper form of organisation.

Позиция из Цюриха

A position from Zurich

Андреасом Сондереггером: Об pool и Glattalstadt. В последние дни 18-го века, французская революционная армия смела старую политическую и экономическую систему Швейцарии с феодальными институтами «старого режима». Под руководством Наполеона, новый политический порядок, демократическая конституция и новая система законов были установлены. Началась современная эра демократии и капиталистической экономики. Тем не менее, некоторые из старых структур выжили. В самом деле, некоторые формы коллективных организаций до сих пор существуют в очень архаичном виде в Швейцарии. Учреждения, которые берут начало в средневековье, когда коллективные формы экономической и политической структур были установлены во многих европейских странах. Фермеры в альпийских долинах были объединены в организации и определялись по принципу «общей земли» с кооперативными средствами, что до сих пор актуально в отдельных случаях. Все они действовали по принципу: одна голова, один голос, одна акция. Эти структуры все еще существуют в некоторых малозаселенных горных областях. Так что, кооперативы являются очень старой формой объединения, там где мы живем. Тем не менее, в архитектуре это реже встречается. Есть некоторые примеры подобных объединений, как например Архитектурная Коллаборация (The Architects Collaborative TAC), объединение основанное Вальтером Гропиусом в

Andreas Sonderegger: *pool and the Glattalstadt.* In the last days of the 18th century, the French revolutionary army swept away Switzerland's old political and economical system with the feudal institutions of the 'ancien régime'. Under the leadership of Napoleon, a new political order, a democratic constitution and a new law system were installed. The modern era of democracy and capitalist economy began. Nevertheless, some of the old structures survived. Indeed, as for collective organisations in Switzerland, there still exist very old forms, institutions that go back to the Middle Ages when collective groups with economical and political structures were installed in many European cities. The farmers in the alpine valleys gathered in dense organisations and defined a 'common land' with cooperative means, something that, in certain cases, still persists today. They were all organised in the same way: one head, one vote, one share. These structures still exist in some minor mountain areas. So, where we live, cooperatives are a very old thing - however, in architecture, it is less common. There are some examples like The Architects Collaborative TAC, a group founded by Walter Gropius in Cambridge, Massachusetts, at the time when he was a professor at Harvard University in the late 40s. His idea was that all the architects of the group were equal within the firm. I'm not sure that this equality existed in reality. Anyway, at the time, he was pretty old and could not work much, so in a certain sense The Architects Collaborative was maybe really a cooperative without a leader. Other groups,

Кембридже, штат Массачусетс, в то время, когда он был профессором в Гарвардском университете в конце 40-х годов. Его идея заключалась в том, что все архитекторы объединения должны были быть равны в правах в рамках фирмы. Я не уверен, что это равенство существовало в реальности. Во всяком случае, в то время он был уже в возрасте и не мог много практиковать самостоятельно, что в некотором смысле действительно объясняет существование кооператива. Другие группы, как например Team X, были скорее ассоциациями или союзами индивидуально работающих архитекторов. Они объединялись на время проведения конгрессов для определения общих целей. Действительно, Team X состояла из молодых архитекторов, стремящихся уклониться от влияния идеологических взглядов первого поколения модернизма, движимого Международным Конгрессом Современной Архитектуры CIAM, который образовался в конце 20-х годов под сильным влиянием Ле Корбюзье. Среди объединений профессионалов нового поколения мы также выделяем Atelier 5, из Берна. Пять основателей создали свою фирму в конце 50-х. Оставаясь последователями архитектуры Ле Корбюзье, они были весьма успешными в своем сотрудничестве, фирма до сих пор существует. В свои лучшие дни в офисе было около пятидесяти сотрудников и десяти партнеров. Atelier 5 удалось пережить смену поколений партнеров, от первого поколения к тем, кто руководит компанией сегодня.

Что касается архитекторов Pool, нас было десять архитекторов, когда мы основали нашу фирму в формате кооператива в 1998 году, после создания объединения в 1994 году в

like Team X, were more the kind of association or union of independently working architects. They joined during congresses and tried to define their common goals. Indeed, Team X was formed of young architects who wanted to escape the ideology of the first generation of modernists, driven by the International Congress of Modern Architecture CIAM that was founded in the late 20s under the strong influence of Le Corbusier. Among the cooperative professionals of this new generation, we also find Atelier 5, from Bern. The five founders established their firm in the late 50s. While following in the footsteps of Le Corbusier's architecture, they have been quite successful in their cooperation: the firm still exists. In its best days, the office had around fifty employees and ten partners. Atelier 5 successfully implemented the generational transition between the original partners and the current ones.

As to pool architekten, we were ten architects when we founded our firm as a cooperative in 1998, after having established the group in 1994 as a discussion platform. Why did we decide to work together? For architects in Zurich, in the 90s it was not easy to establish a firm. There was the biggest crisis in the Swiss real estate sector since the 30s and there were a lot of unemployed architects, given that there was not very much to do for architects. But when we started, we were lucky: the city of Zurich decided to start a large-scale housing program: 10'000 apartments in ten years, which was quite a lot for a small city like Zurich. Within a few years, a lot of competitions for housing projects were organised; initially, it was only the city authorities, but then the housing cooperatives -that have existed since the 20s- followed; finally private firms and real estate companies did so

качестве площадки для дискуссий. Почему мы решили работать вместе? Для архитекторов в Цюрихе, в 90-е годы создать компанию было не просто. Это был самый большой кризис швейцарской недвижимости, в 30-е годы было много безработных архитекторов, учитывая, что работы в секторе архитектуры и планирования было не много. Но когда мы начинали, нам повезло: в Цюрихе стартовала программа по строительству крупноквартирных домов: десять тысяч квартир за десять лет, это довольно много для небольшого города, как Цюрих. В течение последних нескольких лет было реализовано много конкурсов по жилищному строительству; сначала это было только для городских властей, но позднее так же для жилищных кооперативов - что зародились в 20-х годах; и наконец, частные лица и компании по недвижимости. Их общей целью была реурбанизация города Цюрих. Они были направлены на создание новых форм городского пространства, особенно, с целью возращения семей в город, который растянулся в течение десятилетий в пригороды. Когда мы основали нашу фирму, у нас не было достаточно заказов, чтобы зарабатывать на жизнь, в связи с чем мы предприняли хороший ход: нам удалось собрать портфолио, после чего нас стали приглашать участвовать в конкурсах... Так или иначе, работая и находясь все время в одном замкнутом пространстве , мы начали понимать, что это не так уж просто постоянно работать в тесном контакте друг с другом, в группе из десяти человек. Таким образом, мы разработали систему, суть которой состояла в том что один или двое из партнеров становились руководители проекта

too. For all of them, the goal was a re-urbanisation of the city of Zurich. Their ambition was to produce new forms of urban living space, especially to bring the families back into the city, which had sprawled into suburbia during the previous decades. When we founded our firm, we did not have enough work to make a living, so we jumped on the opportunity: we managed to collect our references, we got invited to competitions... Anyway, while sitting and working all together in one confined space, we started to realise that it was not so easy to work close together in a group of ten people. So we developed a system by which one or two of the partners would become team leaders of a competition project. Should the outcome be successful, they would lead the project team up to the completion of the building. Each project team has the responsibility of maintaining collective involvement. Periodically we have critiques, like in our student days. In other words, we developed a system by which we criticise ourselves for the sake of collective improvement. During our first year, when we did not have enough work, two of the partners left. For the past fifteen years, we have remained stable with eight partners. Today, pool employs more than 60 architects. The firm still works on the basis of the system we laid out when we established it.

Beside our architectural profession -designing and constructing buildings- we try to reflect on our discipline in a more general way. What can society, what can people expect from architects? Almost every day, issues emerge in the field of urbanisation and even more in sub-urbanisation. Most metropolitan areas suffer from a problem of growth and are threatened by a collapse of infrastructure. Endless suburban sprawl is the contemporary way cities grow,

Leimback building complex - pool architekten
picture courtesy of pool architekten

на время конкурса. В случае успеха они руководили командой проекта до завершения строительства. Руководитель проекта несет ответственность, за то, чтобы сохранить вовлеченность коллектива. Периодически у нас бывают критики, как в архитектурных школах. Другими словами, мы разработали систему, с помощью которой мы критикуем сами себя ради коллективного совершенствования. В первый год нашей работы, когда у нас не было достаточно проектов, осталось лишь двое из партнеров. В течение пятнадцати лет мы были вполне стабильными и сейчас имеем восемь партнеров. Сегодня в Pool работает более 60 архитекторов. Принцип работы компании по-прежнему является основой системы, которую мы заложили изначально.

Кроме нашей архитектурной профессии - проектирования и строительства зданий - мы также стараемся отражать нашу деятельность в общении с населением. Что люди и общество ожидают от архитекторов? Почти каждый день возникают вопросы на тему урбанизации, и даже более активно суб-урбанизации городов. Большинство столичных районов страдают от проблемы интенсивного роста и находятся под угрозой инфрастккутурного коллапса. Бесконечное нарастание пригородных территорий - это то, как развивается сегодня современный город, в результате чего расходуется огромное количество ресурсов, территории и энергии. Разве это не наша обязанность, как архитекторов, предлагать альтернативы: развивать искусство городского проектирования или исследовать создание новых городских пейзажей? Как пригород может стать городом?

causing an immense waste of resources, land and energy. Is it not a duty for us as architects to develop alternatives: re-establish the art of designing a city or discover how to build urban landscapes? How can suburb become city?
2008, the architecture group Krokodil was founded by Roger Boltshauser, EM2N (Matthias Müller, Daniel Niggli, Fabian Hörmann), pool architekten (Raphael Frei, Mischa Spoerri, Andreas Sonderegger), Lukas Schweingruber and Frank Zierau. As a site for our case study, we chose the Glatt valley, Zurich's suburban area around the airport. It is the fastest growing urban agglomeration in Switzerland. Back in the 20s, the Glattal area was almost empty: farming villages and a military airfield between agriculture and swampland. Starting from the 50s, with the development of nearby Zurich Airport, it has progressively become very important in developmental terms and, today, there is a lot of new construction underway. Everything that is going to be built is legal, but nothing is really well planned: it is indeed a collection of diverse communities, independent from the city of Zurich and its urban planning program. The density is low and many places are quite quiet for residential programs, with buildings detached from one another and a lot of green space in between. This notwithstanding, to define the urbanisation of this area is not as easy as one could think; indeed, in Switzerland everyone worries about increasing density.
In fact, there is still an enormous potential for densification in Switzerland. The region of Zurich counts about 1.3 million inhabitants; it is about the size of Greater London, which has on its area 8 million inhabitants, about the population of Switzerland. So, in Switzerland density should not really be a problem, although the population is, due to im-

В 2008 году, группа архитекторов Krokodil была основана Роджером Больтшаузером, EM2N (Матиасом Мюллером, Даниэлем Ниггли, Фабианом Хорманом), архитекторами Pool (Рафаэлем Фреймом, Мишей Шпёрри, Андреасом Сондереггером), Лукасом Швайнгрубером и Фрэнком Циэрау. Территорией для исследования мы выбрали долину Глатт, пригородный район аэропорта Цюриха. Эта городская агломерация имеет самые высокие темпы роста в Швейцарии. В 20-е годы, площадь Глатт была практически пустой: было лишь сельское хозяйство деревни и военный аэродром между деревней и болотом. Начиная с 50-х годов, с развитием находящегося неподалеку аэропорта Цюриха, она постепенно становится важной с точки зрения девелопмента, и сегодня здесь сосредоточено много нового строительства. Все, что будет построено имеет законное обоснование, но не всегда является результатом хорошего планирования: это действительно результат совмещения разнообразных округов, независящих от города Цюрих, со своими программами городского планирования. Плотность застройки низкая и занимает обширное пространство, между отдельно стоящими зданиями много зелени. Несмотря на это, спланировать урбанизацию этой территории не так просто, как можно было бы подумать; в Швейцарии очень беспокоятся о повышении плотности застройки.

На самом деле в Швейцарии есть еще огромный потенциал для уплотнения. Кантон Цюрих насчитывает около 1,3 млн жителей; имея размеры Большого Лондона, который на своей площади размещает 8 млн жителей, что практически равносильно общей численности населения, growing rapidly. Nevertheless, the latest statistics are slightly alarming. Especially worrying is the increasing consumption per-capita of living space. Facing this situation, we started to discuss processes of urbanisation. After preliminary studies, we decided to make a comprehensive project for a city in the Glatt valley: the Glattalstadt. Initially, we stayed low-key in terms of design and focused on the development of urban infrastructure systems, starting with the questions: how can we make a city and protect the beautiful and delicate landscape from destruction by suburban sprawl? How can we develop a highly efficient, ecologically and economically reasonable traffic system? How can we preserve a system of public green spaces and liveable boulevards within a strictly densified urban landscape? How can we change Zurich's centralisation of institutional headquarters? What does a dense, mixed-use and liveable city look like? How can one establish identity in a new urban setting?

At a certain point, we started to work with experts from different disciplines - with planning officials, landscape architects and traffic engineers. For the question of energy consumption, we started a cooperation with the Institute of Technology in Architecture from the Faculty of Architecture, ETH Zurich: what could the cities' energy supply system look like in the future? Is it possible to transform a metropolitan area into an energetically self-sustaining system? By putting together the results of all this research, we had the different layers of the city plan. Instead of a tabula rasa approach, we generally opted for a strategy of continuity. For most built-up areas, we proposed a soft transformation for the existing suburban landscape, with some exceptions of higher density replacements, and some strategically

ления Швейцарии. Следовательно плотность застройки не должна стать проблемой для Швейцарии, хотя темпы роста населения и являются достаточно высокими, в частности за счет иммиграции. Тем не менее, последние статистические данные призывают задуматься. Особенно пугающим является растущее потребление жилой площади на душу населения. Столкнувшись с этой ситуацией, мы начали обсуждать процессы урбанизации. После предварительных исследований мы решили сделать комплексный проект для города, в долине Глатт: в Глатталстаде (Glattalstadt). Изначально мы подошли к проектированию достаточно сдержанно с точки зрения дизайна, и основная задача была направлена на развитие систем городской инфраструктуры, начиная с вопросов: как мы можем создать город ,не нарушив при этом красивый и девственный ландшафт, предотвратив его угнетение разрастающейся пригородной застройкой. Как можно создать высокоэффективную, экологически и экономически обоснованную систему движения? Как мы можем сохранить систему зеленых общественных пространств и удобных для жизни бульваров в строго уплотненном городском ландшафте? Как мы можем повлиять на централизованный характер национальных штаб квартир Цюриха? Как выглядит плотно застроенный, многофункциональный и пригодный для жизни город? Как формируется индивидуальность в контексте нового города? В определенный момент, мы начали работать с экспертами из разных дисциплин - с чиновниками по планированию, ландшафтными архитекторами и инженерами дорожного движения. Для анализа энергопотре-

defined high-density additions. All these different means were combined in order to develop a feasible and desirable urban landscape.

Subsequently, we put all this together in a manifesto and published it. Even if the project for a new city was completely speculative, its theses have a surprising influence on the actual political debate. Already now, it is undeniable that our project of the Glattalstadt is having some effects on the future development of the Glatt valley. Actually, the Swiss state plans to locate its prestigious project for a national innovation park exactly there, right in the centre of the Glatt valley, on the site of the ancient airfield, like we anticipated.

бления мы начали сотрудничество с институтом Технологии в Архитектуре / Факультет Архитектуры, ETH Цюрих: Как будет выглядеть в будущем система энергоснабжения городов: можно ли превратить мегаполис в самодостаточную энерго систему? Сопоставив вместе результаты исследований, мы получили различные слои городского плана. Вместо того чтобы начинать с нуля мы предпочли стратегию развития и продолжения. Для большинства населенных пунктов мы предложили мягкую трансформацию существующего пригородного ландшафта, за некоторым исключением более масштабных замещений, и нескольких стратегических вертикальных доминант. Все эти меры были предприняты для разработки целесообразного и привлекательного городского пейзажа. После чего мы объединили все вышеперечисленное в манифест и опубликовали его. Даже если проект нового города был полностью спекулятивным, отдельные его тезисы имели удивительное влияние на актуальные политические дебаты. Уже сегодня нельзя отрицать, что наш проект в Глаттаостадте оказывает определенное воздействие на будущее развитие долины Глатт. Швейцарское правительство планирует разместить престижный проект национального инновационного парка именно там, прямо в центре долины Глатт, на месте старого аэродрома, как мы и предполагали.

Glattalstadt! - Gruppe Krokodil
picture courtesy of pool architekten

Glattalstadt! - Gruppe Krokodil
picture courtesy of pool architekten

Интервью с Андреасом Сондереггером

Ольга Мамаева: Некоторые места в Москве меня шокировали. Московская архитектурная школа МАРШ совместно с Международным институтом архитектуры i2a завершила цикл лекций «Архитектор как гражданский активист». 10 июня здесь выступил Андреасом Сондереггером, партнер и сооснователь цюрихского бюро pool architekten.

Что такое pool architekten в масштабах Швейцарии? В масштабах страны мы не такая уж большая величина, тем более что нас интересуют в основном локальные проекты внутри страны. Мы не претендуем на роль звезд. Бюро pool architekten было образовано в 1994 году, сегодня в нем работают восемь партнеров примерно одного возраста. Почти все мы в свое время учились в Швейцарской высшей технической школе Цюриха (ETH) - крупнейшей архитектурной школе в стране. Два наших партнера окончили Университет прикладных наук в Муттенце. Трудно сказать, какой стиль нам ближе, потому что у каждого свой взгляд на архитектуру. Но, конечно, все мы вышли из модернизма. Особенно сильно на нас повлиял Ле Корбюзье. И вот здесь парадокс: с одной стороны, это наши истоки, которые сформировали общее представление об архитектуре, а с другой - мы все время пытаемся уйти как можно дальше от этих представлений, делать более экспериментальную архитектуру. Отдельно стоит упомянуть Альдо Росси, он в 70-х преподавал в ETH и был кумиром наших учителей. Именно он вернул в кругозор архитекторов вопросы истории, о которых тогда стали забывать. Он был своего рода связкой между современной модернистской архитектурой и вековыми традициями. Наверное, мы находимся в той же системе координат.

Один из ваших проектов - планирование агломерации в регионе Глатталь вблизи Цюриха - получил большую известность в Швейцарии. Каково его будущее? Мы назвали это манифестом для города Глатталь, и он действительно уже запустил мощную волну в СМИ. Многие газеты, архитектурные журналы и даже телеканалы откликнулись на него. Собственно, именно поэтому мы решили сделать передвижную выставку нашего проекта, которая сейчас путешествует по Швейцарии. Мы хотели создать своеобразную дискуссионную площадку, чтобы получить обратную связь от жителей региона. Главная идея нашего проекта в Глаттале - уплотнение. Она, мягко говоря, не самая привлекательная для горожан. Но только на первый взгляд. Город постоянно расширяется, а мы решили взять его в кольцо, сдержать это безумное разрастание. Плотные и при этом правильно устроенные поселения лучше организованы, в них комфортнее живется, чем в больших городах, которые расползлись на сотни километров. Подход «пусть каждый строит, что хочет и где хочет» приводит к

An interview with Andreas Sonderegger

Olga Mamaeva: Some places in Moscow, I was shocked. Moscow school of architecture MARCH with the i2a - international institute of architecture just completed a series of lectures entitled The Architect as a Civil Agent - curated by Ludovica Molo and Alessandro Martinelli. On 10 June Andreas Sonderegger, a partner and co-founder of the Zurich-based office pool architekten, held a conference.

What is the scope of pool architekten in Switzerland? Nationally speaking, we are not extraordinary. The actual point is that we are mainly interested in local projects within the country. We do not claim to be stars. pool architekten was founded in 1994 and today there are eight partners of about the same age. Almost all of us studied at the same time in the ETHZ - the Swiss Federal Institute of Technology in Zurich, the largest school of architecture in the country, except for two of our partners who graduated from the University of Applied Sciences in Muttenz. It is hard to say what our style is, mostly because everyone has his own view on architecture. But, of course, we all come from modernism and have been particularly influenced by Le Corbusier. Our paradox is this: on the one hand, Le Corbusier is our foundation and formed our general view of architecture and, on the other hand, we are continually trying to get as far as possible from this approach in order to be more experimental. We should mention Aldo Rossi, too, since in the 70s, he taught at ETHZ and was our teachers' idol. He went back to the question of history from the point of view of architects, who were gradually forgetting it. For us, he was a sort of link between modernist architecture and century-old tradition. Perhaps we are in the same mindset...

One of your civic projects -the agglomeration of the Glattal region near Zurich- has become extremely popular in Switzerland. What is its future? We call it a manifesto for the city and it has really produced a powerful wave within the media. Many newspapers, magazines and architectural channels have responded to it. Actually, that is why we decided to create an itinerant exhibition of our project, which is now travelling through Switzerland. We wanted to create a kind of discussion platform to get feedback from people within the region. This is the main idea of our Glattal project. To put it mildly, it is not the most attractive thing for citizens. But only at first glance. The city is constantly expanding, and we decided to design it in order to keep this crazy proliferation under control. Indeed, denser and properly planned settlements are better organised, thus providing citizens with a more comfortable life than in the suburbanised big city, which spreads over hundreds of kilometres. The approach 'let everyone build what and where he wants' has led to interferences with the city's daily activities, the quality of the landscape, not to mention the waste of resources and monstrous traffic jams. Moscow is the best illustration of this last aspect. In any case, I am surprised and pleased that the project has finally received support from the population.

тому, что нарушается нормальная работа города, портится ландшафт, не говоря о пустой трате средств и чудовищных пробках. Москва - лучшая иллюстрация последнего. Я говорю о пробках. Меня удивило и порадовало, что проект получил поддержку со стороны людей.

Не боитесь, что ваш манифест так и останется на бумаге? С российскими архитекторами, например, такое случается нередко. Я верю в силу идей. Если нам удастся что-то изменить в головах жителей, власти, бизнеса, будет уже хорошо. И потом, я думаю, что мы сумеем развить этот проект в каком-то другом направлении.

Какими социальными проектами вы занимаетесь? Мы много работаем с детьми, например, наши архитекторы разработали целую программу для цюрихских школьников: учили их планированию, знакомили с различными градостроительными стратегиями, создавали макеты. Главная идея программы заключалась в том, чтобы ученики младших классов спроектировали собственный квартал. Кроме того, мы активно работаем в Швейцарской федерации архитекторов, которая занимается сохранением исторического наследия, а также лоббирует конкурсы на строительство важных зданий. В общем, наверное, делаем то же самое, что и наши российские коллеги.

Архитекторы в России, за редкими исключениями, - крайне невлиятельные люди. Возможно, именно поэтому никакой серьезной гражданской активности с их стороны не заметно. А может быть, связь обратная. Известно же: сначала еда - и только потом проблемы морали. Когда общество успокоится, уверен, архитекторы станут играть куда более важную и ответственную роль в жизни страны, в том числе политической. Сейчас, наверное, все заняты решением своих личных, профессиональных проблем, поэтому гражданская активность не так высока, как хотелось бы. Архитекторы утратили свои позиции во всем мире. Есть 30-40 звезд, которые известны благодаря отдельным громким проектам. На их фоне ничего другого как будто не существует. В том же Бильбао много достойных сооружений малоизвестных архитекторов, но все знают только одно - Музей Гуггенхайма Фрэнка Гери. В этом есть что-то неправильное. Архитекторы что в России, что в Швейцарии должны в первую очередь заботиться о создании сбалансированной и человечной городской среды, даже если на этом нельзя заработать. Вместо этого многие из них решают исключительно свои профессиональные задачи, создавая дизайн общественных пространств и отдельных зданий. А социальные проблемы решать не хотят или не умеют.

В России это особенно заметно. Не буду называть конкретные имена и проекты, чтобы никого не обидеть, но некоторые места в Москве меня неприятно поразили, если не сказать - шокировали.

Многие москвичи испытывают похожие чувства. Но на деле ничего не меняется. Где выход?

Are you not afraid that your manifesto will simply remain on paper? With Russian architects, for example, this happens often... I believe in the power of ideas. If we are able to change something in the minds of the residents, government, businesses, it will be a good thing. And then, I think, we will be able to develop this project in other directions.

What community projects are you currently working on? We work a lot with children. For example, our architects have developed a programme for the Zurich school children: teach them to plan, present different urban development strategies, create layouts. The main idea of the programme was for the younger pupils to design their own neighbourhood. In addition, we are actively working with the Swiss Federation of Architects, which is engaged in the preservation of historical heritage, as well as lobbying for tenders for the construction of important buildings. In general, we are probably doing the same thing as our Russian colleagues.

Architects in Russia, with a few exceptions, are very selfish people. Perhaps that is why no serious civic engagement on their part is noticeable... Or maybe it is due to what is known as the reverse link: first, food and only then the problem of morality. When society quietens down, I am sure architects will play a much more important and responsible role, including political, in this country's life. Now, everyone is probably busy with their personal and professional problems, so civic engagement is not as high a priority as we would like. Architects have lost ground in the world. There are 30-40 star architects who are known for specific high-profile projects. Apart from them, it almost looks as if nothing else exists. Besides the Guggenheim Museum by Frank Gehry, there are many worthy works of less-known architects, but everyone only knows one big project. There is something wrong in this. The Architects in Russia, as much as in Switzerland, should first concentrate on the creation of a balanced and humane urban environment, even if this means not making a living. Instead, many of them decide to dedicate their time exclusively to their professional tasks, creating individual buildings, rather than public spaces. They are not willing or able to address social problems.

In Russia, this is particularly noticeable... I will not mention specific names and projects, in order not to offend anyone, but there are places in Moscow where I was unpleasantly startled, if not shocked.

Many Muscovites are experiencing similar feelings. But in fact, nothing has changed. What is the solution? A greater social responsibility on behalf of architects and participation of citizens in the resolution of social problems. For example, we try to work as closely as possible with the authorities in order to make sure local projects also benefit from the widest possible public debate. Do we want to build a new house in the city centre? First, we need to ask the residents. If they do not care, architects carry on nevertheless, they make money and build their ideas.

The Architecture Biennale has just opened in Venice, and the main theme is the global language of national architecture within the last century. How strong is the current influence of

большей социальной ответственности архитекторов и участии горожан в решении проблем. Мы, например, стараемся как можно плотнее работать с властями, чтобы даже самый локальный проект получил максимально широкое общественное обсуждение. Хотите построить новый дом в центре города? Сперва спросите жителей. Если им все равно, архитекторов обвинять бессмысленно - они зарабатывают деньги и реализуют свои идеи.

Только что в Венеции открылась архитектурная биеннале, основная тема которой - глобальный язык национальной архитектуры последнего столетия. Насколько сильно сегодня влияние швейцарской школы на современную архитектуру? Не оглядываясь назад, трудно идти вперед, как бы банально это ни звучало. Так что традиции, конечно, нужно знать, чтобы понимать строительные техники, типологию городских пространств. И в России, и в Швейцарии богатые традиции деревянного зодчества. И какой бы глобальной ни была сегодняшняя архитектура, их нужно развивать, используя современные материалы и технологии. В Швейцарии это хорошо понимают.

the Swiss school on modern architecture? Without looking back, it is hard to go forward, as banal as it may sound. This also goes for tradition, of course. Indeed, in order to evolve, we need to know how to understand traditional construction techniques and typologies of urban spaces. Both in Russia and in Switzerland, there is a rich tradition of wooden architecture. And whatever global architecture may be today, we need to develop it, using contemporary innovations. In Switzerland, this is fully understood...
from Colta.ru, 04/16/14

The Architect as Civil Agent

Panel

Предварительное заключение:
некоторые тезисы с заключительного круглого стола

A provisional conclusion:
some words from a final roundtable

The Architect as Civil Agent panel

Серия лекций такого рода есть продукт программы обмена, это означает, что она имеет ценность сама по себе, в реальной встрече людей и в том какие действия это может спровоцировать в будущем. Это должно пониматься как ценность, как аудиторией так и преподавателями. Чтобы стать таковой, это должно быть институционально объявлено.Заключительный круглый посвященный серие лекций следовательно включал: по одному представителю от Pro Helvetia, Анастасия Александрова; два представителя от i2a, Людовика Моло, директор и Алессандро Мартинелли, куратор; два представителя от МАРШ, Евгений Асс, декан, и Никита Токарев, директор; один представитель от посольства Швейцарии, Елена Naoumova, представитель Культуры атташе посольства Швейцарии в России; два представителя от российского культурного агентства, Elensa Гонсалес, куратор, и Александр Острогорский, критик и писатель.

The Architect as Civil Agent lecture series is a product of an exchange programme, that means it has values in itself, i.e. in the actual meeting of people and in what it can trigger in terms of future actions. These must be understood as values both by the audience and the lecturers. To be as such, they must be institutionally declared. The final roundtable of the lecture series therefore involved: one representative from Pro Helvetia, Anastasia Aleksandrova; two representatives from i2a, Ludovica Molo, director, and Alessandro Martinelli, curator; two representatives from MARCH, Eugene Asse, dean, and Nikita Tokarev, director; one representative from Swiss Embassy, Elena Naoumova, deputy Culture attaché of Swiss Embassy in Russia; two representative from Russian cultural agency, Elensa Gonsales, curator, and Alexander Ostrogorsky, critic and writer.

Предварительное заключение: некоторые тезисы с заключительного круглого стола

A provisional conclusion: some words from a final roundtable

Ольга Мамаева: Архитектор как гражданский активист, именно так звучала тема круглого стола, прошедшего в архитектурной школе МАРШ при участии российских и швейцарских экспертов. Круглый стол, состоявшийся 10 июня в стенах школы МАРШ, был организован совместными усилиями Международного института архитектуры i2a и архитектурной школы МАРШ. Он подвел промежуточные итоги российско-швейцарской программы «Swiss made в России», в рамках которой прошел цикл лекций швейцарских архитекторов на тему гражданской ответственности архитектора. В период с апреля по июнь 2014 перед московской публикой в школе МАРШ выступили Никола Регуши из бюро XNF, Кристоф Наэги из TRIBU и Андреасом Сондереггером, руководитель мастерской Pool Architecten, лекция которого состоялась непосредственно перед началом круглого стола.

На примере масштабного проекта новой агломерации в долине реки Глатт (Глатталь) к северу от Цюриха, разработанного его бюро в составе архитектурной группы «Крокодил» (также туда вошли EM2N Architekten и др.), Андреасом Сондереггером показал, как может проявляться гражданская позиция архитектора в Швейцарии и как он взаимодействует с городом и обществом, для кото-

Olga Mamaeva: Architect as Civil Agent, so was the theme of the round table which was held at the Architectural School MARCH with the participation of Russian and Swiss experts. The roundtable took place June 10th at the architecture school MARCH and was jointly organised with i2a - international institute of architecture. It framed the results of a curatorial project within the Swiss made in Russia programme, based on a series of lectures about the theme of the civil agency of the architect and the Swiss case. From April to June 2014, Nicola Regusci of XNF, Christoph Gnaegi of TRIBU and Andreas Sonderegger of pool architekten -immediately prior to the roundtable- lectured on their respective work.

On the base of a large-scale project for the agglomeration of the Glattal valley, near Zurich, which was developed by his office as part of the architectural group Crocodile -also including EM2N, and other architects- Andreas Sonderegger showed how Swiss architects can manifest their citizenship. He also demonstrated how this in turn can interact with the city and society, for which architectural design is only a tool for the provision of social and cultural needs. He illustrated this in his lecture and during the roundtable, trying to understand whether such an approach to architecture would be possible in Russia.

As it turned out, the theme set by the Swiss colleagues, essential for the suc-

рых архитектурное проектирование - это лишь инструмент реализации социальных и культурных запросов. Об этом говорили и в ходе круглого стола, пытаясь понять, возможен ли в России подобный подход к архитектуре.

Как оказалось, поставленная швейцарскими коллегами и столь важная для успешного развития любого города тема не слишком актуальна в нашей стране: людей в зале было немного - ни большого количества практикующих российских архитекторов, ни, тем более, представителей общественности замечено не было. Очевидно, это весьма показательно. Как заметил в своем докладе Андреасом Сондереггером, архитекторы, и не только российские, еще со времен раннего модернизма и зарождения мысли о том, что они могут спроектировать буквально все - от маленькой вилки до целой вселенной, стали считать себя чуть ли не богоподобными. Только сейчас, по словам докладчика, в профессии происходит перелом: осознается несправедливость подобного мнения. Архитектор начинает понимать, что он лишь исполнитель задач, поставленных перед ним клиентом, властью, городом. А раз это так, то он просто обязан считаться с их интересами. Однако в силу былой убежденности в уникальности своего назначения, он все еще отказывается нормально коммуницировать с обществом и осознавать себя его частью. Что же касается представителей общественности, то сама идея интересоваться мнением людей о проекте появилась не так давно, примерно в 1970-е гг. Но беда в том, что эти люди редко знают, чего именно они хотят: гораздо легче они отвечают на вопрос о том, чего им не хочется категори-

cessful development of any city, came across as being almost irrelevant in Russia: few people were present in the room and not many practicing Russian architects nor members of the greater public. This is clearly very significant. As Andreas Sonderegger remarked in his lecture, architects -not only Russian- since early modernism and the emergence of the idea that they can design everything -from a small plug to the whole universe- began to consider themselves almost godlike. Only now, according to the speaker, is there a radical change in the profession: the inaccuracy of this old opinion has finally been perceived. Architects have begun to realise that they only undertake the tasks assigned to them by the client, the authority, the city. They should thus consider their interests. However, due to the former belief in the uniqueness of their appointment, they still refuse to properly communicate with the public and understand that they are part of it. As for the public, the idea that they should take an interest in the environment's architecture appeared only recently, around the 1970s. But the trouble is that the greater public rarely know exactly what it wants: people are accustomed to answering questions about what they categorically do not want. Therefore, if it is not to express protest, it is not an easy task to draw public interest.

Andreas Sonderegger, architect, pool architekten: the perception of the role of the architect today has changed dramatically. This can easily be explained by globalisation, but there are other reasons. For example, the emergence of the star architects. People know only a few names that they can connect to the construction of certain iconic objects. Yet other experts, who actually become real aids in the implementation of the most important social problem-solving

чески. Поэтому, пока дело не касается выражения протеста, привлечь внимание общества непросто.
Андреасом Сондереггером, архитектор, партнер Pool architecten: «Восприятие роли архитектора сегодня сильно изменилось. Это можно легко объяснить глобализацией, но есть и другие причины. К примеру, появление «звездных» архитекторов. Люди знают всего несколько имен, которые оказались на слуху в связи со строительством тех или иных знаковых объектов. Все же прочие специалисты, способные действительно стать настоящими помощниками в реализации важнейших общественных задач, оказались вне архитектурного мира, сузившегося до нескольких имен. Что же касается позиции самого архитектора, то он и не должен стремится к известности. Его задачи куда более утилитарные. К примеру, важно, чтобы, проектируя, он научился мыслить не в масштабах здания и даже улицы, но района и города, выступая своего рода дирижером большого оркестра».

Евгений Асс, ректор школы МАРШ: активно поддержал позицию Андреаса Зондереггера:
«Полезно «приземлить» профессию архитектора, показать, что она может быть бытовой и очень социально значимой. Наша беда - отсутствие инициативных проектов. Большинство социальных проектов - это инициатива исключительно государства. Архитектор же остается в стороне, бездействует».

Александр Острогорский, журналист, преподаватель МАРШ: не согласился с швейцарским архитектором. По его мнению, архитектор не должен быть «дирижером», он должен работать в одной большой мультидисципли-

projects, are outside the architectural world. As for the position of the architect, he should not be committed to fame. His task must be more utilitarian. For example, if it is important to design, the architect must learn to think not only about the scale of the building and the street, but of the neighbourhood and the city, acting as a kind of conductor of a large orchestra.

Eugene Asse, MARCH dean, actively supporting the position of Andreas Sonderegger: what is useful to the protession of architect is to show that the architect can design homes and be deeply socially relevant. Our problem is the lack of initiative in projects. Most of social projects are initiated exclusively by the state. The architect remains aloof, inactive.

Alexander Ostrogorsky, journalist and MARCH teacher, disagreed with the Swiss architect. According to him, the architect should not be a conductor, he should work within a large multi-disciplinary team. He believes that the theory of the loss of the architect's special status is just a myth: such a status never existed. Architects should stop stewing in their own juice and dreaming of a special position in society. Instead, they have to learn about how to conduct a dialogue with various groups of individuals. In Russia, one sees a lot of discussions about the role of the architect, but most of them taking place within the circle of architects itself. No civil society activists or representatives of local communities or bloggers and politicians are involved in these discussions. In such a context, they cannot get a fully-fledged dialogue. People are not interested in architecture, so they never look toward the discipline, especially if architects do not start talking to them.

Andreas Sonderegger's reply was: you are right when you say that the image of the architect as a conductor has outlived

The Architect as Civil Agent panel
picture courtesy of MARCH

нарной команде. Мнение об утрате архитектором особого статуса - это просто миф, этого статуса у него никогда и не было. Архитекторам надо перестать вариться в собственном соку и мечтать об особом положении в обществе, а вместо этого научиться вести диалог с самыми разными группами населения: «В России мы видим массу дискуссий о роли архитектора, но большинство из них проходит в кругу одних только архитекторов. Ни гражданские активисты, ни представители местных сообществ, ни блогеры, ни политики в этих дискуссиях не участвуют. В такой ситуации не может получиться полноценного диалога. Люди архитектурой не интересуются, поэтому никогда не обратятся к ней лицом, если сами архитекторы не начнут разговаривать с людьми».

«Вы правы, когда говорите, что образ архитектора как дирижера себя изжил, - подхватил Андреасом Сондереггером - Тем не менее, на архитекторе лежит вся ответственность за возводимый объект, поэтому именно он должен руководить процессом. Например, в нашем проекте мы взяли на себя руководство 25-ю командами».

«Мы задаем вопрос о роли архитектора в жизни общества. Но как и когда так случилось, что он из этой жизни выпал и забыл о том, что происходит в обществе? - продолжил разговор Евгений Асс - Нашей профессии свойственен дуализм, ведь архитектор, являясь неотъемлемой частью общества, так или иначе навязывает ему определенный образ жизни. Я и сам в глубине души считаю себя демиургом и не понимаю, почему общество не соглашается с такой позицией. Это, конечно, шутка, но некоторая неприязнь, если не

its usefulness. However, the architect of a large-scale project is responsible for all constructed objects, so he should lead the process. For example, in our project we needed to coordinate about 25 teams...

We question the role of the architect in society. But why and when did the architect deviate from real life and forget about society? This is the question asked by Eugene Asse. Our profession is peculiarly dual: as an architect or as an integral part of society, one way or another, it does impose a certain way of life. In my heart, I consider myself a demiurge and do not understand why the society does not agree with this position. Of course, this is a joke, but certain frictions between architect and society do exist. I have never heard that people hate, so to say, cheese producers. However architects have a bad reputation in many countries of the world. At what point did architecture stop being magic? Perhaps, it was in the era of industrialisation, when the architects tackled so many issues that were beyond earthly ones. And, perhaps, today they do not strive to regain this status. On the contrary, they want to be closer to the problems of the profession and of the common people.

In terms of the awareness of the architectural profession, which has crucial social meanings, an important educational aspect emerges. Nikita Tokarev, MARCH director, adds: if at the stage of education we do not raise the issue of social and civic responsibility, there will be no architects able to think in our country. Architects should have a taste for space and form, but should also have a special empathy for people's feelings. In Russia, there are few architects who are involved in civil engineering projects. Furthermore, the people's interests are not specifically represented in this

ненависть общества по отношению к архитекторам, действительно, существует. Я никогда не слышал, чтобы люди ненавидели, скажем, производителей сыра, но архитекторов не жалуют в большинстве стран мира. В какой момент архитектура перестала быть волшебством? Наверное, это произошло в период индустриализации городов, когда архитектор решал самые что ни на есть земные задачи. И, наверное, сегодня не нужно стремиться вернуть утраченный статус. Напротив, нужно еще больше приблизить профессию к проблемам простых людей».

В деле осознания профессии архитектора, как важной и социально значимой, важен образовательный аспект - уверен

Никита Токарев, директор школы МАРШ: «Если на этапе образования не поднимать вопрос социальной и гражданской ответственности, то у нас в стране просто не останется думающих архитекторов. Архитектор должен хорошо чувствовать не только пространство и форму, он должен обладать особой эмпатией - чувствовать людей. В России мало архитекторов принимают участие в гражданских проектах, интересы жителей тоже никто особо не представляет. Поэтому крайне важно сегодня попытаться вдохнуть новую идею в архитектурную профессию».

Людовика Моло, куратор программы «Swiss made в России», Международный институт архитектуры i2a: рассказала о том, как важен образовательный аспект в архитектурной профессии на самом раннем этапе развития: «Три года назад мы пришли к мысли, что для налаживания диалога с обществом необходимо для начала научиться говорить с детьми. Обучая детей, рассказывая

realm. Therefore, today, it is important to try to instil new ideas in the architectural profession.

Ludovica Molo, i2a - international institute of architecture director: We talked about how important the educational aspects of architecture at very early stages of our institute are. Three years ago, we came to the conclusion that, in order to establish a dialogue with the general public, we must start to learn how to talk to children. We started to address the issue of teaching to children and how to explain to them the basics of the architectural profession. So, we have tried to reach out to them and their parents and bring up a new generation capable of thinking of the world in a different manner. At first, we based our project on the educational model of Arkki, a unique school in its kind in Helsinki. For a time, we ourselves became students of this school in order to understand the educational process from the inside. Today, we are dedicated to our own pre-school children, experimenting with them a variety of architectural approaches, from simple typologies to construction techniques. We try to discuss with them complex issues like quality of life and environment, the formation of urban space, etc... We believe that sooner or later this knowledge, grafted to childhood, will grow upwards and finally reach political circles.

At this point, the question of competitive practices -widespread in European countries but only now acquiring relevance in Russia- came to the forefront. Indeed, Andreas Sonderegger pointed out that all of his projects have been created within competitions. But, according to Eugene Asse, competitions are only held in Moscow for symbolic objects. The position of Elena Gonsales, architectural critic and curator of the exhibition Contests at Arch Moscow 2014, was that

им об основах профессии, мы таким образом пытаемся достучаться и до их родителей, и одновременно воспитываем новое, по-иному мыслящее поколение. Поначалу мы взяли за основу образовательную модель подобной школы в Хельсинки. На некоторое время мы сами стали учениками этой школы, чтобы понять процесс изнутри. Сегодня мы самостоятельно занимаемся с детьми дошкольного возраста, изучая с ними самые разные стороны архитектуры - от простых типологий до современных строительных техник. Мы обсуждаем с детьми такие сложные темы, как качество жизни и среды, формирование городского пространства и т.п. Мы уверены, что рано или поздно эти знания, привитые с детства, перейдут на более высокий уровень и станут обсуждаться уже в политических кругах».

Обсуждался в рамках дискуссии и вопрос конкурсной практики - широко распространенной в европейских странах и только-только приобретающей важность в России. Андреасом Сондереггером рассказал, что все его проекты были созданы в конкурсном формате. Но, по словам Евгения Асса, конкурсы в Москве проводятся только для знаковых объектов. Представить себе, что в России каждый строящийся дом станет предметом конкурса, пока сложно.

Елена Гонсалес, архитектурный критик и куратор экспозиции «Конкурсы» на Арх Москве-2014: уверена, что это очень перспективное направление, вызвавшее живейшие интерес и со стороны архитекторов, и со стороны общества. [Александр Острогорский, напротив, попросил для начала доказать состоятельность данного инструмента и его необхо-

this is a very promising direction, that gathers interest from both architects and society. On the other hand, Alexander Ostrogorsky pointed out the necessity to prove the consistency of the instrument in Russia, before unconditionally learning from the experience of other countries. Strictly speaking, he is uncertain whether competitions can work properly on a local community level, as it is the case in Europe where local governments are stronger and essentially in the allocation of finance. In general, he thinks it is positive to compete, but exclusively within global standards.

In any case, the Architect as Civil Agent project, as an exchange of experiences between Switzerland and Russia, will not be finite. Alessandro Martinelli, i2a - international institute of architecture curator, put forward the need to continue lecturing expanding the project to different experts, conducting joint seminars and workshops. Eugene Asse, for his part, put forward the opportunity of holding an exhibition on the life and work not of star architects but rather of ordinary architects in Switzerland and Russia.

from Archi.ru, 12/06/14

димость в нашей стране, прежде чем безоговорочно перенимать опыт других стран в части проведения конкурсов. - уточнение от А. Острогорского: « - я строго говоря имел в виду, что не уверен, что конкурсы могут хорошо работать именно на уровне потребностей местных сообществ так, как это бывает в Европе, где местное самоуправление сильнее, особенно в части распределения финансов. Вообще же я думаю, что конкурсы это хорошо, и делать их надо именно по глобальным стандартам.»]

Программой «Swiss made в России» обмен опытом между двумя странами не ограничится. Алессандро Мартинелли, директор Международного института архитектуры i2a, заявил, что необходимо продолжить читать лекции, расширяя лекционную программу, приглашать разных специалистов, проводить совместные семинары и воркшопы. Евгений Асс, со своей стороны, предложил провести выставку о жизни и творчестве не «звездных», а рядовых архитекторов Швейцарии и России.

Архитектор как гражданский активист

Эпилог

The Architect as Civil Agent

Afterwords

Преподавание архитектуры за пределами проектирования:
послесловие из России

Никита Токарев, Директор MARCH

Учебная программа архитектурной школы сосредоточена как правило на дизайне, на эстетических свойствах произведения, композиции, материале, конструкции. моделировании ощущений человека, пользователя архитектуры. Красота в широком смысле слова как интегральное качество архитектуры, включающее весь комплекс психологических и физических воздействий архитектуры на человека и общество, остается предметом экспертизы архитектора, в этом его не может заменить другой специалист. Но как замечает Ренцо Пиано «Кто говорит, что архитектура не искусство, тот лжет, кто говорит, что архитектура - только искусство, тот заблуждается». Множество внеэстетических факторов влияет сегодня на архитектуру и архитектор не всегда готов с ними справиться. Если мы ограничим свою сферу деятельности только эстетикой, крах профессии и отдельной карьеры скорее всего неизбежен.
Когда-то архитектор царил на стройке, вел строительные работы и был «главным строителем» не по названию, а по сути. Сейчас это не так: архитектор - участник проектной команды и координирует свою деятельность с другими специалистами. Вопрос се-

Teaching architecture beyond design:
an afterword from Russia

Nikita Tokarev, MARCH director

As a rule, the curriculum of an architecture school focuses on design, the aesthetic properties of the creation, composition and material, construction as well as modelling the sensations of the architecture's end user. Beauty in the broadest sense of the word is an integral quality of architecture, a quality that includes the whole complex of psychological and physical effects that architecture has upon the person and society and yet remains subject to the expertise of the architect alone - in this he cannot be replaced with any other specialist.

But, as noted by Renzo Piano, - 'he who says architecture is not an art is lying, he who says it is only art is mistaken'. Indeed, many factors besides from aesthetics influence the architect and he is often unprepared to deal with them. If we limit ourselves to aesthetics alone, the collapse of the profession as a whole if most likely inevitable.

There was once a time when the architect ruled over the site, carried out all the construction works and was the 'chief builder' not just in name but in fact. Now, however, things are different: the architect is the member of a team and has to coordinate his actions with that of other professionals. Today's challenge is this - can the architect lead the design process, can he establish a dialogue with the

годняшнего дня - может ли архитектор стать лидером в процессе проектирования, наладить диалог с заказчиком, обществом, или за него это сделают другие? Создание архитектурного проекта - также дело коллектива авторов, подбор междисциплинарной команды, выстраивание коммуникации вокруг общих целей и ценностей является необходимым условием успеха.

В середине 20 века когда архитектор восстанавливал разрушенные войной города Европы, престиж и социальная значимость профессии не подвергалась сомнению. Сегодня архитектор часто воспринимается как пособник девелопера или властей. Архитектура становится предметом публичного обсуждения с жителями, НКО, прессой, в процесс проектирования, формулировки задания для проекта вовлекаются самые разные люди. Обсуждение идет не с точки зрения эстетических критериев, обсуждается сама возможность и допустимость строительства, соблюдение разнообразных противоречивых интересов.

Есть все основания говорить об архитектуре «за пределами прекрасного», она сегодня не исчерпывается традиционными техническими дисциплинами.

В России также проявляются мировые тенденции в изменении условий архитектурной практики. В силу многих причин архитектор в России менее готов к вызовам 21 века. В учебной программе архитектурной школы в России практически не уделяется места коллективной работе, развитию навыков коммуника-

customer and society, or will others need to step up for him? The architect's team plays a great part in the creation of the architectural project, therefore a prerequisite of success it the assembling of a group of interdisciplinary specialists and the building of communication around common goals and values.

In the middle of the 20th century, when architects set about restoring the destroyed cities of Europe, the prestige and social importance of the profession were undoubted. Today, however, the architect is often seen as an accomplice to the developer or the authorities. Architecture becomes the topic of public discussions with residents, NGOs and the press, while a large number of different people become involved in the planning process. It is not the building's aesthetic criteria which lie at the heart of the discussion - rather it is the prospect of construction, as well as the various conflicting interest.

There is every reason to talk of architecture 'beyond the beautiful' - today it has developed far beyond the confines of the traditional technical disciplines.

The global trend aimed at changing the conditions of architectural practice has started to manifest itself in Russia as well. However, due to a number of reasons, the Russian architect is much less prepared for the challenges of the 21st century. The curriculum of our architecture schools practically does not account for collective work, developing communication skills and forming a professional position; there are no public discussions or architectural projects and research is separate to planning. This situation is only

ции, формирования профессиональной позиции, нет публичных обсуждений проектов, исследовательская работа отделена от проектной. Ситуация усугубляется тем что в СССР архитектор был не публичной фигурой, а государственным служащим, его общественная роль сводилась к выполнению задания, сформулированного заказчиком (властью). Профессиональное сообщество архитекторов в России слабо и не структурировано, неспособно к отстаиванию интересов профессии. В этой ситуации особенно возрастает роль образования. МАРШ видит свою задачу в подготовке ответственных и думающих архитекторов, готовых к лидерской роли не только в проектировании, но и в общественных процессах. В школе есть уникальный курс «Профессиональные коммуникации», призванный восполнить пробелы в подготовке наших студентов. Мы видим МАРШ как площадку для дискуссии об актуальных проблемах архитектуры. Тема «Архитектор как гражданский активист» в Росси почти не обсуждается, хотя уже есть немало примеров общественных инициатив, где важную роль играют архитекторы. Проект МАРШ и i2a направлен не только на студентов, но и на профессиональную среду в целом. Без изменения позиции архитектора от «оформителя» к «адвокату общественных интересов» положение профессии будет только ухудшаться.

exacerbated by the fact that the Soviet architect was not a public figure, but rather a government official, whose role was to carry out tasks assigned to him by the state. The professional architectural community in Russia is weak and unstructured and is unable to defend the interests of the profession.

In such circumstance the role of education becomes paramount. MARCH believes its mission lies in the education of responsible and thoughtful architects, ones prepared to take up a leading role in both the field of design as well as the surrounding social processes. Professional Communications is a unique course designed by the school to fill in the gaps in students' education. We view MARCH as a platform for discussions on pressing architectural problems. While the idea architects as a civic activists is virtually unheard of in Russia, they have already played an important role in a large number of public initiatives. MARCH and i2a's project is aimed not only at students, but also at the whole professional community - indeed, without a shift in the architect's position from decorator to public interest attorney the state of the profession in Russia will only get further decline.

Архитектор как Гражданский Активист, как междисциплинарных исследований.

Алессандро Мартинелли, куратор i2a

После постмодернизма, после «глобальной деревни», после тотальной урбанизации, как мы можем сегодня говорить об архитектуре? И городском дизайне? Действительно, какие дисциплинарные доводы доступны сегодня, после многочисленных волн социально-культурного релятивизма, ударяющих по человеческому сознанию? Как мы изучаем и проектируем архитектуру города, что никогда не пользовалось популярностью, если не отвергалось, из-за сложной множественности городского устройства? Стоит ли нам сдаться и забыть наконец? Можем ли мы действительно сделать это и приостановить все моральные обязательства по отношению к обществу и социальному пространству? Я так не думаю, но я уверен, мы должны пересмотреть архитектурные знания в свете этого релятивизма. Далее я опишу несколько идей, противостоящих неопределенности сегодняшнего дня. Они направлены на создание предпосылок и определение выводов из лекций, описанных в этой публикации.

В первую очередь мне кажется мы должны признать, что ни одна технология не ставится под сомнение современного релятивизма, так же как и эстетика.

The Architect as Civil Agent, as a disciplinary research.

Alessandro Martinelli, i2a curator

After post-modernity, after global village, after total urbanisation, how do we speak about architecture? And about urban design? Indeed, which disciplinary discourses are available today, after the many waves of socio-cultural relativism that entered human knowledge? In particular, how do we address and teach the architecture of the city, a teaching that has always been unpopular, if not unwelcome, due to the complex multiplicity of urban actors? Do we finally surrender and forget about it? Yet, can we do so and cancel all moral obligations towards society and social space? I do not think so, and I am certain that we need to reconsider architectural knowledge in the light of this relativism. I will therefore, here below, sketch out some provisional ideas to confront today's uncertainties. Their intention is to act as both preconditions and conclusions of the lectures documented in this publication.

First of all, I think we need to acknowledge that no technology is questioned by today's relativism, neither are aesthetics. Among the ideas at stake, there is design as such, i.e. the capacity of architectural disciplines to make space available for many dynamics, so as to provide spatial synthesis. It is, in other words, about the

Среди прочего на карте, вместо этого - проектирование, то есть способность архитектурной дисциплины, разделять пространство среди различных динамик и обеспечивать то, что мы называем пространственным синтезом. Другими словами, речь идет скорее о необходимости управления взаимосвязью между социально-естественной динамикой, которая вытекает из общей природы пространства. Таким образом, архитектурный релятивизм может быть понят в качестве дисциплинарной трудности к принятию разногласий среди многих динамик сосуществующих в реальности, учитывая, что любое отклонение затрудняет координацию, предотвращая спонтанное разрастание архитектурных форм в пространстве. Что это значит? Это означает, что никакая социально-природная динамика не несет прямую ответственность за неопределенность в архитектурной сфере, ни тем более их взаимодействие. Таким образом ответственность лежит не на динамике как таковой, а на взаимоотношением между динамикой и нашей координацией архитектурной реальности.

Если мы исследуем эту сложность, мы сможем заметить, что пространственная организация и координация являются взаимосвязанными аспектами, но целями различных дисциплин: архитектуры и политики. Таким образом, если мы непосредственно связываем дисциплинарные вопросы архитектуры с увеличением расхождения в социально-естественной динамике, я думаю, мы можем ошибочно узако-

need of managing the relationship between socio-natural dynamics that stems from the shared nature of space. Architectural relativism can be understood as a disciplinary difficulty to accept the conflicts between the many dynamics within a given reality. Indeed, these conflicts have a negative impact on coordination attempts, thus hindering an easy application of architectural disciplines. This means that socio-natural dynamics are not directly responsible of architectural uncertainties. Instead, what is responsible is the relationship between their interplay and our multi-disciplinary approach of managing the organisation of reality. If we examine this management, we notice that spatial synthesis and coordination are interrelated aspects, but are objectives of different disciplines: architectural ones for the former, political ones for the latter. Summing up, if we attribute the disciplinary issues of architecture to the increasing divergence of socio-natural dynamics, I believe we can erroneously legitimise a progressive elimination of disciplinary responsibilities; and we should not blame only one discipline for the issues. Instead, I think we have to face them by taking into consideration the interplay between architecture and politics. Why? Simply because all disciplines have objectives of their own, as well as interactions with the objectives of other disciplines.

On the one hand, architecture and politics must address their own issues, but cannot disregard the way in which they support each other. On the other hand, they cannot blindly rely on such a support, nor substitute it.

нить прогрессивное забвение дисциплинарной ответственности. Также мы не должны обвинять в этом политику. Вместо этого, я думаю, мы должны противостоять им, принимая во внимание взаимосвязь между архитектурой и политикой. Почему? Просто потому, что все дисциплины имеют самостоятельные цели и взаимодействуют между собой.

Таким образом, архитектура и политика должны заботиться о своих собственных делах, но не могут игнорировать то, как они поддерживают друг друга. В любом случае, они не могут слепо полагаться на эту поддержку, или подменять себя ею. Поведение такого рода привело бы к замешательству, и дисциплины в значительной степени потеряли бы свою направленность. Другими словами, я думаю, что дисциплинарные вопросы должны быть дисциплинарными, но они должны сопровождаться некоторой осведомленностью о том, каким образом они могут взаимодействовать и выходить за рамки своих неподсредственных компетенций.

То есть, долг архитектуры, прежде всего, заботиться о возможности всех вещей находиться вместе в одном пространстве, а также иметь место для расхождений, что гораздо важнее, чем ожидание координации от социально-естественной динамики. Последнее является политической задачей, а не непосредственно архитектурной, даже если архитектура может помочь в ее решении. Если в спорах есть «ограничения» на динамику «сосуществования» для архитектуры, я ду-

Such an attitude would simply result in confusion and the respective disciplines would greatly lose their focus. In other words, I think that disciplinary issues must remain disciplinary, but should be complemented by an acknowledgement of the way in which disciplines can exceed themselves.

That is to say, the duty of architecture is, first of all, to care for the spatial togetherness of all things: i.e. it should also find space for divergences, rather than wait for the coordination of socio-natural dynamics. This last is a political task, not directly an architectural one, even if architecture can contribute to its fulfilment. So, if there are some limits to the controversies among the dynamics within reality, I believe that, for architecture, they must emerge from the lack of space, whatever the influence of coordination. In other words, the most specific condition of architecture is to consider divergences as inevitable and thus requiring a dedicated space. It is not about settling divergences -that is rather political- it is more about locating them in space, so as to enable them to cohabit with reality. So, despite the opposition of contemporary progressive scholars, I think we need to object to the mixing of the architectural and the political, especially because this can mask the responsibilities of one discipline and overburden the other.

The actual practice of both disciplines highlights this: are there politicians who make architecture? Are there architects who actually do politics? There are none and there can be none as long as they each concentrate on

маю они должны вытекать из-за недостатка свободного пространства, независимо от того, может ли на это влиять координация. Другими словами, я думаю, что наиболее подходящим условием для архитектуры является рассмотрение разногласий как неизбежность, так же как и необходимость в специальном пространстве. Речь идет не о решении расхождений, что является политическим действием, а скорее в расположении объектов и функций в пространстве таким образом, чтобы они могли сбалансированно сосуществовать. Я думаю мы не должны допустить совмещения архитектуры и политики особенно потому, что это может скрыть ответственность одной дисциплины и перегрузить другую.

Архитекторы не занимаются политикой, а политики не занимаются архитектурой. Они не делают этого, и они не могут делать это, если хотят выполнить свои прямые профессиональные обязанности. Политика и архитектура имеют временные рамки, даже если хрупкость продуктов обеих дисциплин отличается (объекты архитектуры временны как и политические соглашения), политика полагается на быстрые средства массовой информации, в то время как архитектура на медленные. Может ли форма задавать динамику как таковую, в то время как пространство место где она происходит?

Тем не менее ясно, что есть косвенная, но прочная связь между архитектурой и политикой. Реальность обоих методов говорит нам об этом: как мы можем

their disciplinary obligations. Respective temporalities are substantially different: even if the fragility of the results of both disciplines is paradoxically not so different, the political field relies on fast media, while architecture relies on slow media. Do politics not address dynamics as such, while architecture deals with the space where they occur? Are dynamics not faster than space? If not, how could they be what they are?

Nevertheless, it is clear that there is an indirect but strong link between architecture and politics. Once more, the reality of both disciplines tells us that we cannot produce architecture in the absence of a political discipline; so often, the absence of politics is what hinders the implementation of architecture. It also tells us that we cannot do politics in the absence of an architectural discipline. I do not need to quote contemporary philosophers in order to explain that politics take place within space and, more specifically, within a certain spatial organisation, that solely enables a collective contact among the many actors of reality. So, on the one hand, it is the architectural need for collective action that requires politics, i.e. the need for the many together to produce the big. On the other hand, it is the political need for collective communication that requires architecture, i.e. the need for the big to produce the many together. Because of this, the architectural and the political need each other. Thus, I think we need to research the autonomy of disciplines, today, and how these support each other. In the context of this publication, I believe that the best place

производить архитектуру без какой-либо предшествующей политической дисциплины? Зачастую отсутствие политики является тем, что выступает против реализации архитектурны на самом деле. И тогда, как мы можем заниматься политикой без предварительной архитектурной дисциплины? Не нужно прибегать к современной философии для того, чтобы объяснить, что политика происходит в пространстве, а точнее в определенной организации пространства, без которого коллективные контакты между многими участниками были бы невозможны. Таким образом с одной стороны архитектура требует коллективных действий, что создает необходимость в политике и необходимость в коллективном производстве чего-то значимого. С другой стороны эта политическая необходимость коллективного общения создает необходимость в архитектуре. Поэтому архитектура и политика нуждаются друг в друге и придают друг другу определенный характер.

Я думаю, что сегодня мы должны исследовать автономию дисциплин, их потребности и то, как они поддерживают автономию друг друга. Объектом для исследования в этой публикации были выбраны архитектурные практики, в которых архитектор решает принять участие в политике как таковой. Мы говорим не о том, что политика должна решаться через архитектуру, а о том, что политика должна осуществляться с помощью политики, а архитектура с помощью архитектуры, одновременно и координированно. Ко-

for this research is the practice of architecture, when architects decide to take part in politics: not by practising politics via architecture, but by simultaneously practising both politics and architecture. Of course, this should be done keeping in mind the way in which architecture relies on politics, as well as vice-versa. It should not be about some reciprocal substitution, rather about providing conditions for reciprocal action. Indeed, there is no worse thing than architecture taking over coordination and politics taking over spatial synthesis: this would lead the disciplines to domination or social fragmentation.

The lectures documented in this publication were developed by a group of contemporary Swiss architects who attempt to complement their practice with political activism, without jeopardising the autonomy of disciplines: thanks to this, their work offers hints as how to transcend current architectural relativism and implicitly displays a picture of Switzerland. Furthermore, they highlight the demands of architecture towards politics, as well as the spatial platforms that these architects defined for their political action. Is the association of these speeches and spaces not what we need in order to speak of architecture today? These Swiss architects look to have succeeded in doing so.

нечно, это должен быть взаимный процесс, архитектура и политика нуждаются друг в друге. Речь идет не о каком-то взаимном замещении, а о создании условий для взаимного процветания. В самом деле нет ничего хуже, чем архитектура, которая становится ответственной за координацию, и политика - за пространственный синтез, что приводит дисциплины к тоталитаризму или социальной фрагментации. Лекции представленные в этой публикации были разработаны группой современных швейцарских архитекторов, которые попытались применить в своей практике какую-либо политическую деятельность, не ставя под угрозу дисциплинарную автономию: благодаря этому их работы способствуют преодолению архитектурного релятивизма, и представляют картину современной Швейцарии. Они отмечают определенные требования архитектуры к политике, вместе с пространственными платформами, которые архитектура, разработала для политической дисциплины. Разве не объединение этих дискурсов и пространств, нужно нам для того, чтобы говорить об архитектуре сегодня? Кажется Швейцарским архитекторам это удалось.

this book must be quoted
Martinelli, Alessandro, & Lezhnina, Maria, et al. (2015).
The Architect as Civil Agent.
Lugano: i2a, Moscow: MARCH.

....

Alessandro Martinelli
editor

Maria Lezhnina
assistant editor

....

Alessandro Martinelli, since 2003 he is part of Association Making Architecture (www.as-ma.org), an organization for research and communication in architecture. He has been involved in research projects and didactical activities about the contemporary urban condition at the i2a - international institute of architecture, at the Accademia di architettura in Mendrisio, at the Berlage institute in Rotterdam, at the Barcelona Institute of Architecture, at the Canadian Centre of Architecture in Montreal, at the Chinese Culture University in Taipei, and at the Archivio Cattaneo in Cernobbio.

Maria Lezhnina, has been working for Buromoscow in Moscow, for AUS - Architecture and Urban Systems in Mendrisio, and for OBR - Open Building Research in Milano. She has been also involved in didactical activities at the i2a - international institute of architecture.

Published by
LISt Lab
info@listlab.eu
listlab.eu

Production
GreenTrenDesign Factory
Piazza Manifattura, 1
38068 Rovereto (TN) - Italy
T: +39 0464 443427
info@greentrendesign.it

Author
i2a & MARCH

Editorial Director
Pino Scaglione

Editorial Assistant
Gioia Marana

Translation and Proofreading
Maria Lezhnina (Russian)
Andrew Hall (English)

Art Director & Graphic Design
Blacklist Creative Studio, Barcelona
blacklist-creative.com

ISBN 9788898774654

**Printed and bound in the European Union,
March 2015**

All rights reserved
© of the edition LISt Lab
© of the texts the authors
© of the images, the authors

Promotion and distribution in Italy
Messaggerie Libri, Spa, Milano,
Numero verde 800.804.900
assistenza.ordini@meli.it;
fax 02.84406056;
amministrazione.vendite@meli.it
fax 02.84406057

**International promotion
and distribution**
ActarD, USA

Scientific Board of the LISt Edition
Eve Blau (Harvard GSD), Maurizio Carta (Università di Palermo), Eva Castro (Architectural Association London) Alberto Clementi (Università di Chieti), Alberto Cecchetto (Università di Venezia), Stefano De Martino (Università di Innsbruck), Corrado Diamantini (Università di Trento), Antonio De Rossi (Università di Torino), Franco Farinelli (Università di Bologna), Carlo Gasparrini (Università di Napoli), Manuel Gausa (Università di Genova), Giovanni Maciocco (Università di Sassari/Alghero), Antonio Paris (Università di Roma), Mosè Ricci (Università di Genova), Roger Riewe (Università di Graz), Pino Scaglione (Università di Trento).

LISt Lab is an editorial workshop, based in Europe, that works on the contemporary issues. LISt Lab not only publishes, but also researches, proposes, promotes, LISt Lab produces, creates networks.

LISt Lab is a green company committed to respect the environment. Paper, ink, glues and all processings come from short supply chains and aim at limiting pollution. The print run of books and magazines is based on consumption patterns, thus preventing waste of paper and surpluses. LISt Lab aims at the responsibility of the authors and markets, towards the knowledge of a new publishing culture based on an intelligent resource management.